安全生产百分百学习系列手册

职工安全生产基础学习手册

主编　马卫国　徐院锋

中国劳动社会保障出版社

图书在版编目（CIP）数据

职工安全生产基础学习手册/马卫国，徐院锋主编. -- 北京：中国劳动社会保障出版社，2018
（安全生产百分百学习系列手册）
ISBN 978-7-5167-3435-3

Ⅰ.①职… Ⅱ.①马…②徐… Ⅲ.①安全生产-职工培训-手册 Ⅳ.①X93-62

中国版本图书馆 CIP 数据核字（2018）第 067147 号

中国劳动社会保障出版社出版发行
（北京市惠新东街 1 号　邮政编码：100029）
*
三河市潮河印业有限公司印刷装订　新华书店经销
880 毫米×1230 毫米　32 开本　4.5 印张　96 千字
2018 年 4 月第 1 版　2023 年 6 月第 6 次印刷
定价：15.00 元

营销中心电话：400-606-6496
出版社网址：http://www.class.com.cn

内容提要

对职工进行安全教育，是安全管理的一项最基本的工作，也是确保生产经营单位安全生产的前提条件。生产经营单位只有不断强化全员安全生产意识，提高全员安全生产素质，才能有效防范事故隐患，构筑起牢固的安全生产防线，保护全体职工的身心健康，保障企业经营的可持续发展。

本学习手册突出重点，剔除繁杂、通俗易懂，使广大职工通过学习，理解安全生产工作的意义，牢记安全生产的权利和义务，了解安全生产基础知识，掌握安全生产基本技能，内容涉及安全生产的基本概念、职工安全生产岗位职责、电气安全、消防安全、特种设备安全、危险化学品作业安全、典型危险作业安全、劳动防护用品、应急救护知识与技能等。

目 录

第一章　安全生产相关概念与基本原则

第二章　安全生产基础知识

第三章　安全生产基本技能

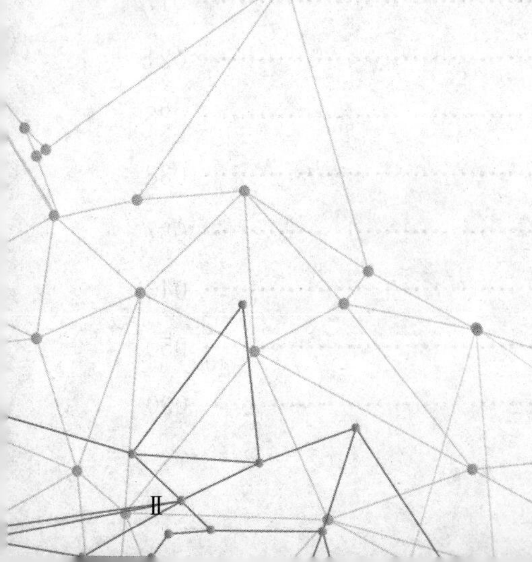

第一章

安全生产相关概念与基本原则

一、安全生产相关概念

1. 安全与安全生产

安全，泛指没有危险、不出事故的状态。汉语中有“无危则安，无缺则全”的表示；“安全”的英文为“safety”，指健康与平安之意；《韦氏大词典》对安全定义为“没有伤害、损害或危险，不遭受危害或损害的威胁，或免除了危害、伤害或损害的威胁”。

安全与危险是相对的概念，它们是人们对生产、生活中是否可能遭受健康损害和人身伤亡的综合认识。系统安全工程认识论认为安全和危险是相对的，世界上没有绝对安全的事物，任何事物中都包含有不安全因素，具有一定的危险性；安全是一个相对的概念，危险性与安全性是相对的，当危险性低于某种程度时，人们就认为是安全的。

生产过程中的安全，即安全生产，指的是“不发生事故、职业病、设备或财产损失”。根据现代系统安全工程的观点，一般意义上安全生产是指在社会生产活动中，通过人、机、物料、环境的和谐运作，使生产过程中潜在的各种事故风险和伤害因素始终处于有

效控制状态，切实保护劳动者的生命安全和身体健康。

2. 安全生产管理

安全生产管理是针对人们在生产过程中的安全问题，运用有效的资源，发挥人们的智慧，进行有关决策、计划、组织和控制等活动，实现生产过程中人与机器设备、物料、环境的和谐，达到安全生产的目标。安全生产管理的目标是减少和控制危害，减少和控制事故，尽量避免在生产过程中由于事故造成人身伤害、财产损失、环境污染以及其他损失。安全生产管理包括安全生产法制管理、行政管理、监督监察、工艺技术管理、设备设施管理、作业环境和条件管理等方面。

3. 危险源和重大危险源

从安全生产角度解释，危险源是指可能造成人员伤害或疾病、财产损失、作业环境破坏或其他损失的根源或状态。

根据危险源在事故发生、发展中的作用，一般把危险源划分为两大类，即第一类危险源和第二类危险源。第一类危险源是指生产过程中存在的、可能发生意外释放的能量，包括生产过程中各种能量源、能量载体或危险物质。第一类危险源决定了事故后果的严重程度，它具有的能量越多，发生事故后果就会越严重。第二类危险源是指导致能量或危险物质约束或限制措施破坏或失效的各种因素，广义上包括物的故障、人的失误、环境不良以及管理缺陷等因素。第二类危险源决定了事故发生的可能性，它出现越频繁，发生事故的可能性就越大。

在企业安全生产管理工作中，第一类危险源客观上已经存在并且在设计、建设时已经采取了必要的控制措施，因此，企业安全生产工作的重点应是第二类危险源的控制问题。

为了对危险源进行分级管理，防止发生特重大事故，在安全生产工作中提出了重大危险源的概念。广义上说，可能导致重大事故发生的危险源就是重大危险源。《中华人民共和国安全生产法》（以下简称《安全生产法》）和《危险化学品重大危险源辨识》（GB 18218—2009）都对重大危险源作出了明确的规定。《安全生产法》第一百一十二条的解释是："重大危险源，是指长期地或者临时地生产、搬运、使用或者储存危险物品，且危险物品的数量等于或者超过临界量的单元（包括场所和设施）。"

4. 安全生产事故隐患

国家安全生产监督管理总局颁布的第16号令《安全生产事故隐患排查治理暂行规定》，将"安全生产事故隐患"定义为："生产经营单位违反安全生产法律、法规、规章、标准、规程和安全生产管理制度的规定，或者因其他因素在生产经营活动中存在可能导致事故发生的物的危险状态、人的不安全行为和管理上的缺陷。"

安全生产事故隐患分为一般事故隐患和重大事故隐患。一般事故隐患是指危害和整改难度较小，发现后能够立即整改排除的隐患。重大事故隐患是指危害和整改难度较大，应当全部或者局部停产停业，并经过一定时间整改治理方能排除的隐患，或者因外部因素影响致使生产经营单位自身难以排除的隐患。

企业、政府和公众等多方综合性地开展隐患排查、评价、消除、整改、监控等活动和措施，使生产安全系统的事故风险处于可接受水平的过程即为隐患治理。

5. "三违"

安全生产中的"三违"是指违章指挥、违章作业、违反劳动纪律。反"三违"就是通过制定政策、加强管理、开展教育等方式来遏制“三违”现象的发生，从而促进企业的生产安全，减少事故。

6. 职业病和职业病危害

职业病是指企业、事业单位和个体经济组织的劳动者在职业活动中，因接触粉尘、放射性物质和其他有毒、有害物质等因素而引起的疾病。职业病应同时具备以下条件：①患病主体是企业、事业单位或个体经济组织的劳动者；②必须是在从事职业活动的过程中产生的；③必须是因接触粉尘、放射性物质和其他有毒、有害物质等职业病危害因素引起的；④必须是国家公布的《职业病分类和目录》所列的职业病。

职业病危害是指对从事职业活动的劳动者可能导致职业病的各种危害。职业病危害因素主要包括职业活动中存在的各种有害的粉尘、化学因素、物理因素、放射性因素、生物因素，以及在作业过程中产生的其他职业有害因素。

7. 安全生产规章制度

安全生产规章制度是指生产经营单位依据国家有关法律法规、国家和行业标准，结合生产经营实际，以生产经营单位名义颁发的有关安全生产的规范性文件，一般包括制度、标准、规定、措施、办法、指导意见等。安全生产规章制度是生产经营单位有效防范生产、经营过程事故风险，保障企业职工安全健康、财产安全、公共安全，加强安全生产管理的重要措施。

8. 安全生产责任制

安全生产责任制是指根据我国的安全生产方针和安全生产法律法规建立的各级领导、职能部门、工程技术人员、岗位操作人员在劳动生产过程中对安全生产层层负责的制度。安全生产责任制是企业岗位责任制的一个组成部分，是企业中最基本的一项安全制度，也是企业安全生产、劳动保护管理制度的核心。

9. 安全生产操作规程

安全生产操作规程是指生产经营单位根据生产性质及技术设备的特点，结合实际给各工种职工制定的安全操作守则，它是企业实行安全生产的一种基本文件，也是对职工进行安全教育的主要依据。它不仅规定了具体的操作要求和操作方法，而且还指出了应注意或禁止的事项。安全生产操作规程的主要内容通常包括总则、工作准备的安全规则、工作过程的安全规则和工作结束后的安全规则。

10. 安全生产检查

安全生产检查是指对生产过程及安全管理中可能造成的隐患、危险或有害因素、缺陷等进行查证，以确定隐患、危险或有害因素、缺陷的存在状态，以及它们转化为事故的条件，以便制定整改措施，消除危险或有害因素，确保生产安全。

11. 安全生产许可

安全生产许可是指国家对矿山企业、建筑施工企业和危险化学品、烟花爆竹、民用爆破器材生产企业实行安全生产许可制度。上述企业未取得安全生产许可证的，不得从事生产活动。

12. 安全生产标准化

安全生产标准化是指通过建立安全生产责任制，制定安全管理制度和操作规程，排查治理隐患和监控重大危险源，建立预防机制，规范生产行为，使各生产环节符合有关安全生产法律法规和标准规范的要求，人、机、物、环处于良好的生产状态，并持续改进，不断加强企业安全生产规范化建设。

13. 劳动保护和劳动防护用品

劳动保护是指国家和生产经营单位为保护劳动者在生产劳动过程中的安全和健康所采取的立法、组织和技术措施的总称。劳动保护的目的是为劳动者创造安全、卫生、舒适的劳动工作条件，消除和预防生产劳动过程中可能发生的伤亡事故和职业病，保障劳动者以健康的身心参加社会生产。

劳动防护用品是指由生产经营单位为企业职工配备的，使其在生产劳动过程中免遭或者减轻事故伤害及职业危害的个人防护装备。

14. 生产安全事故

生产安全事故是指生产经营单位在生产经营活动（包括与生产经营有关的活动）中突然发生的，伤害人身安全和健康，或者损坏设备设施，或者造成经济损失的，导致原生产经营活动（包括与生产经营活动有关的活动）暂时中止或永远终止的意外事件。

15. 工伤和工伤保险

工伤是工作伤害的简称，也称职业伤害，是指职工在生产劳动过程中，由于外部因素直接作用而引起机体组织的突发性意外损伤，如因职业性事故导致的伤亡及其急性化学物中毒。1921 年，国际劳工大会通过的公约中对“工伤”的定义是：由于工作直接或间接引起的事故为工伤。1964 年，第 48 届国际劳工大会规定了工伤补偿应将职业病和上下班交通事故包括在内。因此，当前国际上比较规范的“工伤”定义包括两个方面的内容，即由工作引起并在工作过程中发生的事故伤害和职业病伤害。

工伤保险是劳动者在工作中或在规定的特殊情况下，遭受意外伤害或患职业病导致暂时或永久丧失劳动能力以及死亡时，劳动者或其遗属从国家和社会获得物质帮助的一种社会保险制度。

我国《工伤保险条例》规定，应当认定工伤的情形包括：①在工作时间和工作场所内，因工作原因受到事故伤害的；②工作时间前后在工作场所内，从事与工作有关的预备性或收尾性工作受到事故伤害的；③在工作时间和工作场所内，因履行工作职责受到暴力等意外伤害的；④患职业病的；⑤因公外出期间，由于工作原因受到伤害或发生事故下落不明的；⑥在上下班途中，受到非本人主要责任的交通事故或者城市轨道交通、客运轮渡、火车事故伤害的；⑦法律、行政法规规定应当认定为工伤的其他情形。应当视同工伤的情形包括：①在工作时间和工作岗位，突发疾病死亡或者在 48 小时之内经抢救无效死亡的；②在抢险救灾等维护国家利益、公共利益活动中受到伤害的；③职工原在军队服役，因战、因公负伤致残，已取得革命伤残军人证，到用人单位后旧伤复发的。不能认定为工伤的情形包括：①故意犯罪的；②醉酒或者吸毒的；③自残或者自杀的。

二、安全生产基本原则

1. “三管三必须”原则

“三管三必须”原则指：管行业必须管安全、管业务必须管安全、管生产经营必须管安全。

2. “三同时”原则

“三同时”原则指：新建、改建、扩建项目的安全设施应与主体工程同时设计、同时施工、同时投入生产和使用。

3.“五同时”原则

“五同时”原则指：生产经营单位的各级领导人在管理生产的同时，必须负责管理安全生产工作，在计划、布置、检查、总结、评比生产的时候，同时计划、布置、检查、总结、评比安全生产工作。

4.“四不伤害”原则

“四不伤害”原则指：劳动者在工作中努力做到不伤害自己，不伤害他人，不被他人伤害，保护他人不受伤害。

5.“四不放过”原则

“四不放过”原则指：对生产安全事故的处理做到事故原因未查清不放过，当事人和群众没有受到教育不放过，事故责任人未受到处理不放过，没有制定切实可行的整改措施不放过。

第二章

安全生产基础知识

一、安全生产工作方针

《安全生产法》中明确了我国的安全生产工作方针是“安全第一、预防为主、综合治理”，其主要含义如下：

“安全第一”，就是在生产经营活动中，在处理保证安全与生产经营活动的关系上，要始终把安全放在首要位置，优先考虑企业职工和其他人员的人身安全，实行“安全优先”的原则。在确保安全的前提下，努力实现生产的其他目标。

“预防为主”，就是按照系统化、科学化的管理思想，按照事故发生的规律和特点，千方百计预防事故的发生，做到防患于未然，将事故消灭在萌芽状态。虽然人类在生产活动中还不可能完全杜绝事故的发生，但只要思想重视，预防措施得当，事故是可以减少的。

“综合治理”，就是标本兼治，重在治本，在采取措施遏制重特大事故，实现治标的同时，积极探索和实施治本之策，综合运用科技手段、法律手段、经济手段和必要的行政手段，从发展规划、行业管理、安全投入、科技进步、经济政策、教育培训、安全立法、

激励约束、企业管理、监管体制、社会监督以及追究事故责任、查处违法违纪等方面着手，解决影响制约我国安全生产的历史性、深层次问题，做到思想认识上警钟长鸣，制度保证上严密有效，技术支撑上坚强有力，监督检查上严格细致，事故处理上严肃认真。

二、职工安全生产权利和义务

1. 合同保障权、知情权、建议权

生产经营单位与职工订立的劳动合同，应当载明有关保障职工劳动安全、防止职业危害的事项，以及依法为职工办理工伤保险的事项。生产经营单位不得以任何形式与职工订立协议，免除或者减轻其对职工因生产安全事故伤亡依法应承担的责任。

职工有权了解其作业场所和工作岗位存在的危险因素、防范措施及事故应急措施，有权对本单位的安全生产工作提出建议。

2. 批评、检举、控告、拒绝权

职工有权对本单位安全生产工作中存在的问题提出批评、检举、控告；有权拒绝违章指挥和强令冒险作业。

生产经营单位不得因职工对本单位安全生产工作提出批评、检举、控告或者拒绝违章指挥、强令冒险作业而降低其工资、福利等待遇或者解除与其订立的劳动合同。

3. 紧急避险权

职工发现直接危及人身安全的紧急情况时，有权停止作业或者在采取可能的应急措施后撤离作业场所。

生产经营单位不得因职工在紧急情况下停止作业或者采取紧急

撤离措施而降低其工资、福利等待遇或者解除与其订立的劳动合同。

4. 获得赔偿权

生产经营单位必须依法参加工伤保险，为职工缴纳工伤保险费。因生产安全事故受到损害的职工，除依法享有工伤保险待遇外，依照有关民事法律尚有获得赔偿权利的，有权向本单位提出赔偿要求。

5. 其他劳动保护权益

（1）预防职业病的权益。

（2）享有休息休假的权益。

（3）女职工享受特殊劳动保护的权益。

（4）发生劳动权益争议，有权提请劳动仲裁和复议。

6. 遵章守纪，服从管理，正确佩戴、使用劳动防护用品的义务

职工在作业过程中，应当严格遵守本单位的安全生产规章制度和操作规程，服从管理，正确佩戴和使用劳动防护用品。

7. 接受安全生产教育和培训，掌握安全生产知识和技能的义务

职工应当接受安全生产教育和培训，掌握本职工作所需的安全生产知识，提高安全生产技能，增强事故预防和应急处理能力。

8. 险情报告的义务

职工在发现事故隐患或者其他不安全因素时，应当立即向现场安全生产管理人员或者本单位负责人报告。

三、职工安全生产岗位职责

（1）职工是企业安全生产的主力军，对企业的安全生产工作负

岗位责任。

（2）遵守安全生产法律、法规、规章和安全生产标准、规范、作业规程以及安全技术措施等相关规定，接受上级有关部门及企业安全生产监督管理部门的监督检查。

（3）牢记“安全生产，人人有责”，树立“安全第一，预防为主”的思想，不违反劳动纪律，坚守工作岗位，不串岗，不酒后作业，集中精力进行安全生产。

（4）遵守设备安全操作规程，精心操作仪器、设备，拒绝违章指挥，不违章作业，不冒险蛮干。

（5）保证接受安全生产教育和培训，掌握本职工作所需的安全生产知识，提高安全生产技能，增强事故预防和应急处理能力。

（6）在作业过程中，严格遵守本单位的安全生产规章制度和操作规程，服从管理，正确佩戴和使用劳动防护用品，加强自我防护，对自身的生命安全和企业财产负责。

（7）保证发现事故隐患或者其他不安全因素及安全事故或未遂事故，立即向企业现场安全生产管理人员或者企业负责人报告。对企业及车间安全生产检查发现的事故隐患，按要求及时整改。

（8）坚持班前安全学习和自检制度，对所操作的仪器、设备进行全面检查，排除不安全因素；不超负荷或带病运转，确保仪器、设备处于良好的运转状态；做好仪器和设备日常使用、维护保养记录。

（9）积极参加、支持企业安全生产委员会或车间、班组组织开展各种安全生产检查与安全知识竞赛等活动，以先进班组和个人为榜样，不断提高安全生产综合素质，保证产品质量。

（10）负责完成企业相关部门管理人员、安技员、班组长交派的其他安全生产工作。

四、职工反“三违”守则

1. 拒绝违章指挥

违章指挥是指企业负责人或管理人员安排或指挥职工违反国家有关安全生产法律法规、企业安全管理、规章制度或岗位安全操作规程进行作业的行为。职工对违章指挥的作业要求有权并应当予以拒绝。常见的违章指挥行为包括：

（1）因管理不到位，造成职工劳动纪律松散，生产管理混乱；工作现场脏、乱、差，放任自流，不积极治理，影响安全生产。

（2）违章派车，不按载货、载人等行驶规定用车。带“病”（刹车、灯光、喇叭、后视镜、刮雨器等不齐全、失效）出车。

（3）起重作业现场不设专人指挥，作业手势不符合规定。

（4）为生产需要，强令职工违反操作规程，使设备超负荷运行。

（5）进入有限空间、高处作业、临时用电等特殊作业不办理相关手续。

（6）在事故隐患未整改的情况下，强令职工继续进行作业。

（7）在安全条件不具备的情况下，强令职工冒险作业。

（8）指派无操作证或不具备上岗条件和技能的职工到特殊岗位顶岗作业。

（9）强令女工从事禁忌作业。

（10）压力容器安全附件（安全阀、压力表等）超期未检，强令继续使用。

（11）不按要求定期组织职工参加生产会议及安全技术培训。

（12）对作业场所危险源辨识不清，指令人员操作。

（13）安排患有高血压、心脏病的人员从事高处作业。

（14）对安全生产不负责任，官僚主义，玩忽职守，瞎指挥。

（15）不按规定对新职工、复工人员、换岗职工进行安全生产教育。

（16）在采用新工艺、新技术、新设备、新材料生产时，操作者未经安全生产培训。

（17）不按要求及时批转、传达贯彻上级有关安全生产方面的文件、规定、通知等或借故拖延、积压、拒不执行。

（18）对政府负有安全生产监督管理责任的部门和企业安全部门已发出停止使用通知单的设施，未消除隐患，擅自安排使用。

（19）对已发现的事故隐患，不认真按照“三定、四不推（即定整改措施、定完成时间、定整改负责人；个人不推到班组、班级不推到车间、车间不推到厂部、厂部不推到上级主管部门）”的原则及时整改，制定整改规划。

（20）发生生产安全事故，未按“四不放过”的原则严肃处理，仍继续冒险作业。

（21）设备安装不按照技术标准和规定程序进行施工、检查、验收、移交；对检查验收中提出的问题未解决就擅自将设备投入使用。

（22）安排使用有事故隐患、安全防护装置缺损的设备。

（23）在无安全生产保证措施的情况下，为生产任务而安排职工拼设备、拼体力、抢时间、争速度。

2. 严禁违章作业

违章作业是指职工在劳动生产过程中，违反安全生产法规标准、规章制度、操作规程，盲目蛮干、冒险作业的行为。职工对以下常见的违章作业行为应严格禁止：

（1）未正确穿戴和使用劳动防护用品进入生产区域。

（2）酒后上岗，酒后驾车。

（3）为了完成任务超负荷使用设备。

（4）易燃易爆物品混放在同一库房内。

（5）材料或物品随意堆放而堵塞消防逃生、生产现场安全通道。

（6）发现异常情况时不及时处理或报告。

（7）使用无合格证的产品或生产设备。

（8）生产区域随意堆放易燃易爆物品。

（9）危险作业过程中未设置明显的安全警示标志及警戒线。

（10）特殊作业时不设立警戒区，无关人员进入生产区域。

（11）完成工作任务后不填写工作记录单，交接班时不按要求进行交接。

（12）扳手当榔头使用。使用扳手和管钳时不注意开口大小就进行加力或在拆卸或紧固螺栓时在活动扳手上套加力杠。

（13）焊条不烘烤；使用过期焊条；使用的焊条与焊接件材质不符。

（14）无操作资格证人员操作特种设备。

（15）动火时氧气瓶、乙炔瓶安全距离不符合气瓶安全规定。

（16）在整改漏气点需卸压操作时，带压操作。

（17）压力容器安全阀、压力表未按周期进行检查。

（18）设备装置检修作业时不戴安全帽，高空作业时不系安全带。

（19）三相设备有接零（地）要求者，使用两孔插座。

（20）出车前不仔细检查车辆。

（21）不按规定超车（强行超车、会车或从右侧超车）；车辆超载和开带“病”车。

（22）不按安全操作规程操作设备或不定期保养设备。

（23）对外来人员进入生产场所不进行安全提示。

（24）对生产现场违章操作行为不及时进行制止。

3. 遵守劳动纪律

劳动纪律是指在生产劳动过程中为维护集体利益并保证企业生产经营顺利进行，保证劳动合同得以正常履行而制定的要求每个职工遵守的各项规章制度。企业中职工违反劳动纪律的常见行为如下，应注意避免：

（1）迟到、早退、中途溜号和旷工。

（2）无故缺席安全生产会议。

（3）不按规定程序递交请假申请或越权审批。

（4）考勤徇私舞弊、弄虚作假；考勤记录职工未签字确认或考勤记录未按时上报。

（5）未按规定时间到达工作岗位，并做好相关工作准备。

（6）撕毁、涂改、丢失考勤表或交接班记录等。

（7）不服从管理人员的安排、指挥，拒绝接受工作任务或消极怠工。

（8）对有期限的工作指令无故拖延，不能按期完成。

（9）在生产过程中串岗、离岗，上班时间擅离职守，延误工作。

(10) 未经允许，带无关人员到企业、车间参观或玩耍，妨害生产、工作或团体秩序。

(11) 待料停工或完成任务未征得班组长、工长同意提前下班。

(12) 未做好交接班工作（包括生产任务、工艺、工具、设备运转、场地卫生等情况）。

(13) 上班时间干私活、睡觉、躺卧、打牌、玩手机等。

(14) 违反出入库领用程序，私自拿原材料和零配件。

(15) 恶意篡改、删除、损毁、涂改、备份企业、部门和车间档案文件资料。

(16) 在企业范围内（含办公室或生产现场）随地吐痰，乱扔纸屑等废弃物。

五、劳动防护用品基础知识

1. 劳动防护用品的分类

依据国家安全生产监督管理总局颁布的《用人单位劳动防护用品管理规范》（安监总厅〔2015〕124 号），劳动防护用品可分为：①防御物理、化学和生物危险及有害因素对头部伤害的头部防护用品；②防御缺氧空气和空气污染物进入呼吸道的呼吸防护用品；③防御物理和化学危险及有害因素对眼面部伤害的眼面部防护用品；④防噪声危害及防水、防寒等的耳部防护用品；⑤防御物理、化学和生物危险及有害因素对手部伤害的手部防护用品；⑥防御物理和化学危险及有害因素对足部伤害的足部防护用品；⑦防御物理、化学和生物危险及有害因素对躯干伤害的躯干防护用品；⑧防御物理、化学和生物危险及有害因素损伤皮肤或引起皮肤疾病的护肤用品；⑨防止高处作业劳动者坠落或者高处落物伤害的坠落防护用品；⑩其他防御危险、有害因素的劳动防护用品。

2. 劳动防护用品选用原则

在选择劳动防护用品时应结合劳动者作业方式和工作条件，并考虑其个人特点及劳动强度，选择防护功能和效果适用的劳动防护用品。常规劳动防护用品选择原则如下：

（1）接触粉尘、有毒、有害物质的劳动者，应当根据不同粉尘种类、粉尘浓度及游离二氧化硅含量和毒物的种类及浓度，配备相应的呼吸器、防护服、防护手套和防护鞋等，具体选用可参照《呼吸防护用品自吸过滤式防颗粒物呼吸器》（GB 2626）、《呼吸防护用品的选择、使用及维护》（GB/T 18664）、《防护服装化学防护服的选择、使用和维护》（GB/T 24536）、《手部防护防护手套的选择、使用和维护指南》（GB/T 29512）和《个体防护装备足部防护鞋（靴）的选择、使用和维护指南》（GB/T 28409）等标准。

（2）接触噪声的劳动者，当暴露于 80 dB≤LEX，8h＜85 dB 的工作场所时，用人单位应当根据劳动者需求为其配备适用的护听器；当暴露于 LEX，8h≥85 dB 的工作场所时，用人单位必须为劳动者配备适用的护听器，并指导劳动者正确佩戴和使用，具体可参照《护听器的选择指南》（GB/T 23466）。

（3）工作场所中存在电离辐射危害的，经危害评价确认劳动者需佩戴劳动防护用品的，用人单位可参照电离辐射的相关标准及《个体防护装备配备基本要求》（GB/T 29510）为劳动者配备劳动防护用品，并指导劳动者正确佩戴和使用。

（4）从事存在物体坠落、碎屑飞溅、转动机械和锋利器具等作业的劳动者，用人单位可参照《个体防护装备选用规范》（GB/T 11651）、《头部防护安全帽选用规范》（GB/T 30041）和《坠落防护装备安全使用规范》（GB/T 23468）等标准，为劳动者配备适用的劳动防护用品。

3. 职工劳动防护用品使用基本要求

（1）进入生产作业现场应按规定正确佩戴、使用劳动防护用品。

（2）在使用劳动防护用品前，应对劳动防护用品进行检查，确保其外观完好、部件齐全、功能正常。

（3）职工应接受劳动防护用品的使用、维护等专业知识的培训，并遵照执行。

（4）从事有可能被转动机械绞辗伤害的作业，不得穿裙装、戴手套、戴围巾、留长发，佩饰物不得悬露。

（5）从事对眼睛有伤害的作业应当戴护目镜或者防护面罩。

（6）进入生产作业现场或者有可能发生物体打击的场所应当戴安全帽，从事高处作业应当系安全带和保险绳。

（7）从事电气作业应当穿戴绝缘防护用品，从事高压带电及辐射作业应当穿戴屏蔽服。

（8）进入有易燃易爆物品的作业场所，应当穿着防静电服，严禁使用任何火源。

（9）检查、参观、实习等其他人员进入生产作业现场应当遵守上述规定。

（10）劳动防护用品应当按照要求妥善保存，及时更换。公用的劳动防护用品应当由车间或班组统一保管，定期维护。用人单位应当对应急劳动防护用品进行经常性的维护、检修，定期检测劳动

防护用品的性能和效果，保证其完好有效，对工作过程中损坏的，用人单位应及时更换。

（11）安全帽、呼吸器、绝缘手套等安全性能要求高、易损耗的劳动防护用品，应当按照有效防护功能最低指标和有效使用期，到期强制报废。

劳动防护用品选用可参考表1。

表1　劳动防护用品选用

作业类别	劳动防护用品选用
存在物体坠落、撞击的作业	安全帽 防砸鞋（靴） 防刺穿鞋 安全网 防滑鞋
有碎屑飞溅的作业	安全帽 防冲击护目镜 一般防护服 防机械伤害手套
操作转动机械作业	工作帽 防冲击护目镜
接触锋利器具作业	防机械伤害手套 一般防护服 安全帽 防砸鞋（靴） 防刺穿鞋
地面存在尖利器物的作业	防刺穿鞋 安全帽

续表

<table>
<tr><th colspan="2">作业类别</th><th>劳动防护用品选用</th></tr>
<tr><td colspan="2">手持振动机械作业</td><td>耳塞
耳罩
防振手套
防振鞋</td></tr>
<tr><td colspan="2">人承受全身振动的作业</td><td>防振鞋</td></tr>
<tr><td colspan="2">铲、装、吊、推机械操作作业</td><td>安全帽
一般防护服
防尘口罩（防颗粒物呼吸器）
防冲击护目镜</td></tr>
<tr><td colspan="2">低压带电作业（1 kV 以下）</td><td>绝缘手套
绝缘鞋
绝缘服
安全帽（带电绝缘性能）
防冲击护目镜</td></tr>
<tr><td rowspan="2">高压带电作业</td><td>在 1～10 kV 带电设备上进行作业时</td><td>安全帽（带电绝缘性能）
绝缘手套
绝缘鞋
绝缘服
防冲击护目镜
带电作业屏蔽服
防电弧服</td></tr>
<tr><td>在 10～500 kV 带电设备上进行作业时</td><td>带电作业屏蔽服
防强光、紫外线、红外线护目镜或面罩</td></tr>
</table>

续表

作业类别	劳动防护用品选用
高温作业	安全帽 防强光、紫外线、红外线护目镜或面罩 隔热阻燃鞋 白帆布类隔热服 热防护服 镀反射膜类隔热服
易燃易爆场所作业	防静电手套 防静电鞋 化学品防护服 阻燃防护服 防静电服 棉布工作服 防尘口罩（防颗粒物呼吸器） 防毒面具 防尘服
可燃性粉尘场所作业	防尘口罩（防颗粒物呼吸器） 防静电手套 防静电鞋 防静电服 棉布工作服 防尘服 阻燃防护服
高处作业	安全帽 安全带 安全网 防滑鞋

续表

作业类别	劳动防护用品选用
井下作业 地下作业	安全帽 防尘口罩（防颗粒物呼吸器） 防毒面具 自救器 耳塞 防静电手套 防振手套 防水胶靴 防砸鞋（靴） 防滑鞋 矿工靴 防水服 阻燃防护服 耳罩 防刺穿鞋
水上作业	防水胶靴 水上作业服 救生衣（圈） 防水服
潜水作业	潜水服
吸入性气相毒物作业	防毒面具 防化学品手套 化学品防护服 劳动护肤剂
密闭场所作业	防毒面具（供气或携气） 防化学品手套 化学品防护服 空气呼吸器 劳动护肤剂

续表

作业类别	劳动防护用品选用
吸入性气溶胶毒物作业	工作帽 防毒面具 防化学品手套 化学品防护服 防尘口罩（防颗粒物呼吸器） 劳动护肤剂
沾染性毒物作业	工作帽 防毒面具 防腐蚀液护目镜 防化学品手套 化学品防护服 防尘口罩（防颗粒物呼吸器） 劳动护肤剂
生物性毒物作业	工作帽 防尘口罩（防颗粒物呼吸器） 防腐蚀液护目镜 防微生物手套 化学品防护服 劳动护肤剂
噪声作业	耳塞 耳罩

六、电气安全基础知识

电作为一种能源，已经同阳光、水、空气一样，成为人类不可缺少的伙伴。但是电又像是一匹难以驯服的野马，当你还没有驯服这匹野马的时候，在生活或工作中就会出现触电、电击、烧伤、火灾，造成身体伤害，甚至危及生命，以及设备损坏、财产损失的情况。因此，安全用电的知识与技能，不仅是电气专业工作人员必须具备的，而且也是每名职工应该了解与掌握的。

1. 允许电流、安全电压和电气安全距离

(1) 允许电流。为了确定安全电压，必须首先确定人体允许电流。一般情况下，把作用人体不致于引起伤害的电流或者说把人能够自己摆脱的电流称为允许电流。经研究得出，交流电允许电流(50～60 Hz) 为 10 mA；直流电允许电流为 50 mA。但当线路上装有防止短路的瞬间保护时，人体允许电流可按 30 mA 考虑。

(2) 安全电压。从安全的角度来看，因为电力系统中的电压通常是比较恒定的，而影响电流变化的因素很多，所以，一般确定对人体的安全条件是用安全电压表示而不是安全电流。安全电压是指在各种不同环境条件下，人体在接触到带电体后，人体各部分组织，如皮肤、心脏等不致发生任何损伤的电压，是以人体允许电流与人体电阻的乘积为依据而确定的。国际电工委员会按允许电流 30 mA 和人体中的电阻值 1 700 Ω 来计算触电电压的限定值，即安全电压的上限值为 50 V (50～500 Hz 交流电有效值)。安全电压是为了防止触电事故而采用的由特定电源提供的电压系列。其供电要求实行输出与输入电路的隔离，与其他电气系统的隔离。

我国安全电压标准规定的交流电安全电压等级如下：①42 V (空载上限小于等于 50 V)，可供有触电危险的场所使用手持式电动工具等场合下使用；②36 V (空载上限小于等于 43 V)，可在矿井、多导电粉尘等场所使用行灯等场合下使用；③24 V、12 V、6

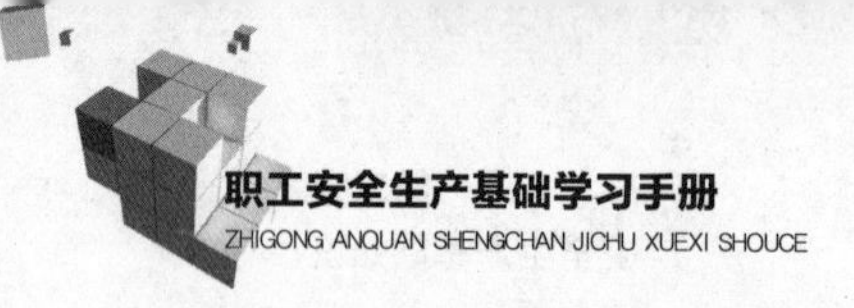

V（空载上限分别小于或等于 29 V、15 V、8 V）三挡，可供某些人体可能偶然触及带电体的设备的场合下选用。在大型锅炉内、金属容器内等工作，为了确保人身安全一定要使用 12 V 或 6 V 低压行灯。当电气设备采用 24 V 以上安全电压时，必须采取防止直接接触带电体的措施，其电路必须与大地绝缘。

（3）电气安全距离。将带电体与大地、带电体与其他设备，以及带电体与带电体之间保持一定的电气安全距离，是防止直接触电和电气事故的重要措施，这种措施称为电气安全距离。电气安全距离的作用主要如下：

1）防止人体触及或接近带电体而造成触电事故。

2）避免车辆及其他器具碰撞或过分接近带电体而造成事故。

3）防止火灾爆炸及过电压放电和各种短路事故。

4）确保操作和维护方便。

电气安全距离的大小与电压的高低、设备的类型及安装方式有关。

2. 电流对人体的伤害

电对人体的伤害分为电击和电伤两种。

（1）电击。所谓电击就是指当电流通过人体内部器官，使其受到伤害。如电流作用于人体中枢神经，使心脑和呼吸机能的正常工作受到破坏，人体发生抽搐和痉挛，失去知觉；电流也可能使人体呼吸功能紊乱，血液循环系统活动大大减弱而造成假死，如救护不及时，则会造成死亡。电击是人体触电较危险的情况。

（2）电伤。所谓电伤就是指人体外器官受到电流的伤害。如电弧造成的灼伤、电烙印、由电流的化学效应而造成的皮肤金属化，电磁场的辐射作用等。电伤是人体触电事故较为轻微的一种情况。

3. 职工应遵守的电气安全基本要求

（1）非电气专业人员不得进行电气设备安装与维修，不得擅自搭接电源。

（2）电气专业人员在安装、维护、检修电气设备后，不得留有事故隐患。

（3）严禁使用未经检测合格的绝缘工器具。

（4）移动电器电源线不准拖拉，电源接长线只允许有一个接头，并不准裸露金属线。

（5）手持电动工具、移动式电气设备，必须执行“一机一闸一保护”制度，并定期校验，确保灵敏可靠。

（6）对电风扇、电焊机等可移动式电气设备，在移动时应做到先拉闸、后移动。

（7）任何人未经许可，不得私自拆除电气联锁装置、防护装置、信号装置。

（8）擦拭清理电气设备时应先停电，不准用水冲，不准用酸、碱水擦洗。

（9）电焊机的一次线（电源线）长度一般不得超过 5 m。

（10）使用的明铺电线（滑触线）高度不宜小于 3.5 m，低于 3.5 m 的明电线应有安全网罩，并设置明显的安全标志或信号指示灯。

（11）严禁在雨天室外使用电钻、手砂轮、手电锯等电动工具。使用手灯时必须使用 36 V 以下的安全电压供电，在潮湿的环境作业应使用绝缘柄的手灯。

（12）日常办公使用电器时插头与插座（插盘）应按规定正确接线，插座（插盘）的保护接地极在任何情况下都必须单独与保护

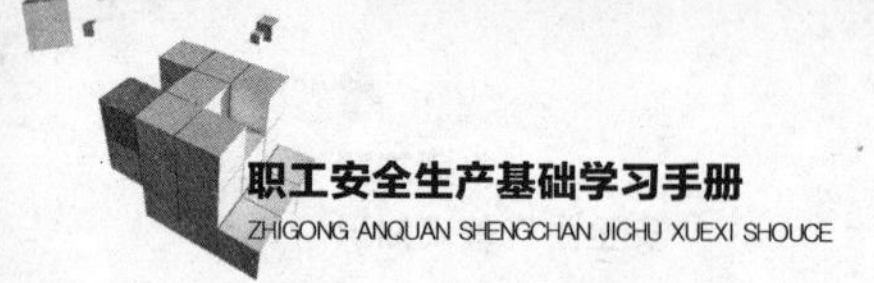

线可靠连接，插座（插盘）应置于避免水溅的位置。严禁在插头（插座）内将保护接地极与工作中性线连接在一起。在插拔插头时人体不得接触导电极，不应对电源线施加拉力。用电设备在暂停或停止使用、发生故障或遇突然停电时均应及时切断电源，必要时应采取相应技术措施。当电气装置的绝缘或外壳损坏，可能导致人体触及带电部分时，应立即停止使用，并及时修复或更换。

（13）办公室内的重要办公设备如计算机、打印机、复印机、传真机、扫描仪要妥善保管使用，下班前应确保一切设备处于关闭状态。长时间不用电器时（如节假日）还须把插头拔下，以防开关失灵、长时间通电损坏电器，造成火灾。

4. 触电应急处置方法

发生触电事故时，救护人员必须在确保自身安全的前提下，首先设法使触电者迅速脱离电源。距电闸较远时，可使用绝缘钳或干燥木柄斧子切断电源。救护人员不得用手拉或用金属棒、潮湿物品救护，应使用绝缘器具使触电人员脱离电源。

使触电者迅速脱离电源后，应进行以下处置工作：

（1）解开妨碍触电者呼吸的紧身衣服。

（2）检查触电者的口腔，清理口腔的黏液，如有假牙应取下。

（3）立即就地进行抢救，如果触电者停止呼吸，可采用口对口人工呼吸法抢救，若心脏停止跳动或不规则颤动，可进行胸外心脏按压法抢救。

（4）向上级管理人员报告事故情况。如果触电者伤情严重，在采取初步急救措施后，及时将其送至医院，请专业医生救护。

七、消防安全基础知识

火灾猛于虎，是当今世界上严重威胁人类生存与发展的常发性灾害之一。火灾的发生频率高，时空跨度大，造成的损失与危害也触目惊心。近年来，火灾事故发生的主体中，企业尤其是私营企业发生特重大火灾事故的数量有所增加，给企业经营发展造成重大损失。因此，消防管理是企业管理工作的重要组成部分。职工应掌握必要的消防知识和技能，从而有效防止或减少火灾的发生，或在火灾发生之时采取正确的避险逃生措施。

1. 燃烧及其条件

燃烧是可燃物与氧化剂作用发生的放热反应，通常伴有火焰、发光或发烟现象。燃烧具备的条件包括可燃物、助燃物和引火源，称之为燃烧三要素。这三要素需同时存在时才能发生燃烧反应，缺少其中之一，均不能引起燃烧。

可燃物是指能与空气中的氧或其他氧化剂发生燃烧化学反应的物质，如汽油、木材等。助燃物主要指能帮助和支持燃烧的物质，如空气、氧气。此外，氧化剂（氯酸盐、过氧化物）等易释放氧的物质也是助燃物。引火源是指供给可燃物与助燃物发生燃烧反应的能量来源。如烟火，电火花，摩擦、撞击产生的火花及发热，造成自然起火的氧化热等许多物理或化学现象都能成为引火源。

2. 火灾及其分类

火灾是指在时间和空间上失去控制的燃烧所造成的灾害。按燃烧物性质分类可分为 A、B、C、D、E、F 六类。

（1）A 类火灾：指固体物质火灾。固体物质往往具有有机物性质，一般在燃烧时产生灼热的余烬，如木材、棉、毛、麻、纸张等。

（2）B 类火灾：指液体火灾和可熔化的固体物质火灾，如汽油、煤油、乙醇、沥青、石蜡等。

（3）C 类火灾：指气体火灾，如煤气、天然气、液化气、石油气等。

（4）D 类火灾：指金属火灾，如钠、钾、镁、钛、镁铝合金等。

（5）E 类火灾：指带电火灾，物体带电燃烧的火灾。

（6）F 类火灾：烹饪器具内的烹饪物（如动植物油脂）火灾。

3. 灭火原理

燃烧必须同时具备三个条件：可燃物、助燃物和引火源。若能有效控制三个条件其中之一，就能将火灾消灭在萌芽阶段。

（1）隔离法：将着火物体或区域与其周围的可燃物隔离，燃烧就会因为缺少可燃物而停止。实际运用时，可采取将靠近火源的可燃、易燃、助燃的物品搬走；把着火的物件移到安全的地方；关闭电源、可燃气体或液体管道阀门，中止和减少可燃物质进入燃烧区域；拆除与燃烧着火物比邻的易燃建筑物等措施。

（2）窒息法：阻止空气流入燃烧区域或用不燃烧的物质冲淡燃烧区域空气中的含氧浓度，使燃烧物得不到足够的氧气而熄灭。实际运用时，可采用的措施有：①将石棉毯、湿麻袋、湿棉被、黄沙、泡沫等不燃或难燃物质覆盖在燃烧物上；②用水蒸气或二氧化碳等惰性气体灌注容器设备；③封闭起火的建筑和设备门窗、孔洞等。

（3）冷却法：将灭火剂直接喷射到燃烧物上，以降低燃烧物的温度。当燃烧物的温度降低到该物质燃点以下时，燃烧即可停止。或者将灭火剂喷洒在火源附近的可燃物上，使其温度降低，防止因辐射热导致起火。冷却法是灭火的主要方法，主要用水和二氧化碳来冷却降温。

（4）抑制法：这种方法是用含氟、溴的化学灭火剂（1211）喷向火焰，让灭火剂参与到燃烧反应中去，使游离基链锁（俗称“燃烧链”）反应中断，达到灭火的目的。

以上方法在具体应用中，可根据实际情况，采用一种或多种方法并用，以达到迅速灭火的目的。

4. 职工应遵守的消防安全基本要求

（1）严格遵守企业防火安全制度。

（2）做到“四懂四会”：懂本岗位的火灾危险性，懂预防火灾的措施，懂灭火方法，懂逃生疏散的方法；会报警，会使用消防器材，会扑救初起火灾，会组织人员疏散逃生。

（3）具备“四个能力”：有检查消除火灾隐患的能力，有组织扑救初起火灾的能力，有组织人员疏散逃生的能力，有消防宣传培训的能力。

（4）牢记火灾报警号码“119”，救火时必须无条件听从消防中心和现场指挥员的指挥。

（5）班前班后，应对本岗位进行全面的防火安全检查，确认无遗留火种，切断电源、关闭设备开关后方可离开。懂得本岗位消防检查的内容和程序。

（6）严禁将物品堆放在消火栓、灭火器的周围。严禁在疏散通道上堆放杂物，确保疏散通道的畅通和灭火器材的正常使用。

（7）未经审批允许，严禁在生产场所使用明火，如发现有人在生产场所吸烟要及时阻止，以免发生安全事故。

（8）当发生火灾时，首先保持镇静，不可惊慌失措，迅速查明情况向有关部门和人员报告。报告时要讲明火灾地点、燃烧物质、火势情况、本人姓名和联系方式等，报警完毕报警人或安排他人到路口迎接消防队及急救人员的到来。组织人员积极采取措施，利用附近的灭火器，进行初期火灾扑救，注意关闭电源。在火灾扑救过程中，遇有威胁人身安全情况时，应首先确保人身安全，迅速疏散人群至安全地带，以减少不必要的伤亡。设立警戒线，禁止无关人员进入危险区域。对因火灾事故造成的人身伤害要及时抢救。密切配合专业救援队伍进行急救工作。

（9）积极参加本企业组织的消防安全教育培训，了解消防法律法规，学习消防安全知识，掌握火灾扑救方法和逃生疏散技能。

5. 火场避险逃生基本原则

（1）首先应保持冷静的头脑和稳定的心态，才能有利于逃生和自救。

（2）时间就是生命，火灾袭来要迅速撤离危险区，不要贪恋财物。

（3）加强个人防护，防止或减少烟气的侵害。用水将毛巾等浸湿，捂住口鼻，防止吸入高温烟气。用水浸湿地毯等，包裹好身体，就地滚出火焰区逃生。

（4）穿过烟火区时，要爬行或尽量使身体贴近地面，不要站立行走。

（5）发生火灾后，不可乘坐普通电梯逃生。

（6）身上着火不要奔跑，可就地打滚或用厚重的衣物压灭火焰。

（7）发生火灾时不能随便开启门窗，防止新鲜空气大量涌入，使火势迅速发展。

（8）火势过大无法撤离时，可退守房间等待救援。可用湿棉被或衣服等堵住门窗缝，以防烟气侵入。用挥动鲜艳衣物等方式发出求救信号，以便救援人员发现。不要惊慌失措，盲目跳楼。如果楼层较低，可把床单等浸湿拧制成绳索，将其拴在牢固可靠的物件上，系牢滑行至地面。

八、特种设备作业安全基础知识

特种设备在企业中数量多，分布广，涉及生产诸多环节。特种设备危险性较大，像锅炉、压力容器这类承压的特种设备，一旦发生爆炸或泄漏，往往并发火灾、中毒等灾害性事故；电梯、起重机械、场（厂）内专用机动车辆这类载人的特种设备，一旦运转失灵，往往造成人身伤害事故。因此，职工应了解特种设备的相关知识，掌握事故预防措施。

1. 特种设备及相关知识

《中华人民共和国特种设备安全法》中所称特种设备，是指对人身和财产安全有较大危险性的锅炉、压力容器（含气瓶）、压力管道、电梯、起重机械、客运索道、大型游乐设施、场（厂）内专用机动车辆，以及法律、行政法规规定适用该法的其他特种设备。国家对特种设备实行目录管理。国家对特种设备的生产、经营、使用，实施分类的、全过程的安全监督管理。

特种设备生产、经营、使用单位应当按照国家有关规定配备特种设备安全管理人员、检测人员和作业人员，并对其进行必要的安

全教育和技能培训。特种设备安全管理人员、检测人员和作业人员应当按照国家有关规定取得相应资格，方可从事相关工作。特种设备安全管理人员、检测人员和作业人员应当严格执行安全技术规范和管理制度，保证特种设备安全。

特种设备使用单位应当使用取得许可生产并经检验合格的特种设备。禁止使用国家明令淘汰和已经报废的特种设备。

特种设备使用单位应当在特种设备投入使用前或者投入使用后30日内，向负责特种设备安全监督管理的部门办理使用登记手续，取得使用登记证书。登记标志应当置于该特种设备的显著位置。

特种设备使用单位应当建立岗位责任、隐患治理、应急救援等安全管理制度，制定操作规程，保证特种设备安全运行。

特种设备使用单位应当建立特种设备安全技术档案。安全技术档案应当包括以下内容：①特种设备的设计文件、产品质量合格证明、安装及使用维护保养说明、监督检验证明等相关技术资料和文件；②特种设备的定期检验和定期自行检查记录；③特种设备的日常使用状况记录；④特种设备及其附属仪器仪表的维护保养记录；⑤特种设备的运行故障和事故记录。

特种设备使用单位应当对其使用的特种设备进行经常性维护保养和定期自行检查，并进行记录。特种设备使用单位应当对其使用的特种设备的安全附件、安全保护装置进行定期校验、检修，并记录。

特种设备安全管理人员应当对特种设备使用状况进行经常性检查，发现问题应当立即处理；情况紧急时，可以决定停止使用特种设备并及时报告本单位有关负责人。特种设备作业人员在作业过程中发现事故隐患或者其他不安全因素，应当立即向特种设备安全管理人员和单位有关负责人报告；特种设备运行不正常时，特种设备作业人员应当按照操作规程采取有效措施保证安全。

特种设备出现故障或者发生异常情况，使用单位应当对其进行全面检查，消除事故隐患，方可继续使用。

2. 特种设备事故预防措施

由于特种设备操作人员本身应具备一定安全知识，且要求持证上岗，加之特种设备种类多达八大类，每类都具有严格规范要求，专业性较强。对应一般职工来说可适当了解一些常见特种设备的安全操作规定，达到事故预防的目的。

（1）电梯使用安全注意事项。

1）注意超限过载。电梯不能超载，当电梯报警时，就应该主动退出，等下一趟再乘，电梯超载是很危险的。

2）不顶阻电梯门。当电梯门快关上时，千万不要强制冲进电梯，阻止电梯关门，切忌一只脚在内一只脚在外停留，这样会受到伤害。

3）不随便按应急按钮。应急按钮是为了应付意外情况而设置的，电梯在正常运行时，千万不要去按应急按钮，否则会带来不必要的麻烦。

4）不开门运行。乘坐电梯时，如果电梯门没有关上就运行，这说明电梯有故障，不要乘坐，同时向维修人员报告。

5）不乘维修中的电梯。来到电梯前，首先看看是否挂有“停梯检修”标志。如挂有检修标志不要乘坐。

6）发生火灾时别乘电梯。发生火灾时，因供电系统随时可能断电，禁止使用电梯逃生，而要从楼梯安全出口处逃生。

7）发生意外千万别慌。电梯运行中万一出现故障时，不要惊慌，应按对讲或警铃按钮通知维修人员救援，不要乱动乱按，等待是保障安全的明智选择。

(2) 起重机械安全操作基本规定。

1）起重司机必须认真执行“十不吊（详见下文）”。

2）吊装物品时，必须有防倾倒措施，坠落半径内不准有人。

3）严禁超负荷使用各类起重设备和工具。

4）进行起重作业前，应检查所有的设备和工具是否存有缺陷。

5）起重支点、吊点、固定点必须确认牢靠。

6）起重机械在坑、沟边沿及架空线下作业，应保持足够的安全距离。

7）配合起重作业的人员不得站在起重机械吊臂下及其旋转范围内。

8）吊有尖锐棱角物体时，要在钢丝绳与物体棱角间加保护垫，防止因重物尖锐棱角对钢丝绳产生折损而造成绳断，物体坠落伤人。

9）多人进行起重作业时，必须由一人统一指挥，指挥手势、信号要明确。

10）吊物不准从人体或重要设备上经过，物体吊运过程中不得拖拉碰撞，吊物上不准站人。

11）检修起重机械时，必须停电、挂牌，必要时地面设警戒线，并指派专人监护。

12）用起重机械为汽车装卸货物时，汽车司机禁止待在驾驶室内。在装卸过程中，起重机械起吊或落吊时汽车上禁止有人。

13）上下天车、龙门吊等起重设备时，要与司机联系好，待车停稳后，再上下车。

14）“十不吊”规定：①超负荷不吊；②斜拉歪拽不吊；③吊物上站人不吊；④物体埋在地下不吊；⑤重量不清不吊；⑥易燃易爆物品不吊；⑦安全装置不灵不吊；⑧捆绑不实、物体不在中心不吊；⑨信号不清不吊，无人指挥或违章指挥不吊；⑩六级风以上等恶劣天气不吊。

（3）压力容器安全操作基本规定。

1）根据设备特点和系统的实际情况，制定每台压力容器的操作规程。操作规程中明确异常工况的紧急处理方法，确保在任何工况压力容器不超压、超温运行。

2）各种压力容器安全阀应定期进行校验和定期试验。

3）运行中的压力容器及其安全附件（如安全阀、排污阀、监视表计、联锁装置、自动装置等）应处于正常工作状态。设有自动调整和保护装置的压力容器，其保护装置的退出应经总工程师批准，保护装置退出后，实行远控操作并加强监视且应限期恢复。

4）使用中的各种气瓶严禁改变涂色，严防错装、错用；气瓶立放时应采取防止倾倒措施。

5）压力容器内部有压力时，严禁进行任何修理或紧固工作。

6）压力容器使用的压力表，应列为计量强制检验表计，按规定周期进行强检。

7）结合压力容器定期检验或检修，每两个检验周期至少进行一次耐压试验。

8）在用压力容器应结合设备、系统检修，按照相关规定实行定期检验制度。

9）禁止在压力容器上随意开孔和焊接其他构件。若必须在压力容器筒壁上开孔或修理，应先核算其结构强度，并参照制造厂工

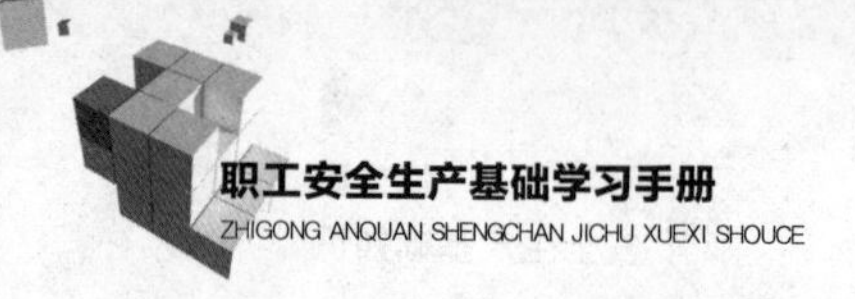

艺制定技术工艺措施，经锅炉监督工程师审定、总工程师批准后，严格按工艺措施实施。

10）压力容器投入使用必须按照《特种设备使用管理规则》（TSG 08－2017）办理注册登记手续，申领使用证。不按规定检验、申报注册的压力容器，严禁投入使用。

11）停用超过 2 年以上的压力容器重新启用要进行再检验，耐压试验确认合格才能启用。

（4）场（厂）内专用机动车辆安全操作基本规定。

1）场（厂）内专用机动车辆司机必须经过培训考核，取得特种设备操作证方可上岗作业，严禁无证驾驶。

2）安全驾驶，严禁酒后驾驶，行驶中不得饮食、闲谈、接打手机，注意力要集中，避免事故。

3）车辆实行专人使用及保管，专人负责，除司机外不得由其他人操作；交接班或领用车辆时，需有记录。

4）做好行驶前车辆安全检查。检查车辆外观是否完好，灯光、音响信号是否齐全有效，轮胎气压是否正常；车辆起动后检查液压系统有无泄漏情况，起动、转向及制动性能是否正常。

5）车辆起步时，观察四周，确认安全无障碍后，先鸣笛，后起步。起步时，车速应缓慢平稳；载货起步时，应先确认所载货物平稳可靠。

6）叉车行驶时，货叉底部应与地面保持一定安全距离，门架应后倾。货叉不应提升过高，以免与障碍物碰撞。

7）叉车行驶速度不得超过厂内道路规定的时速，非紧急情况下，禁止急转弯和急刹车，禁止坡道转弯，内燃车禁止熄火滑行。转弯时，如附近有行人或车辆，应先发出信号，并减速慢行。

8）叉车行驶时，严禁搭乘其他人员；叉车原则上不准超车，并与其他车辆保持安全距离。

9）叉车载货时，应按需调整货叉间距，严禁偏载使用，严禁单叉作业；不得超载运行，载重应该符合载荷中心曲线图规定；货叉应处于不妨碍行驶的最低位置，高度不得阻挡操作人员视线。

10）叉车在接近或撤离货物时，车速应缓慢平稳，注意观察，保证安全，禁止高速叉取货物和用叉尖与物体碰撞。

11）作业时，严禁人站在货叉下，或在货叉下行走；严禁人员站在货叉周围，以免货物倒塌伤人；严禁人员站立于货叉上，用货叉举升人员进行高处作业，以免发生高处坠落；严禁将货物置于货叉尖端进行推行或用叉端提升货物。

九、危险化学品作业安全基础知识

危险化学品往往具有易燃易爆、有毒有害、腐蚀等特性，而化工生产过程又多在高温高压（或低温真空）状态下进行，因此不管是在生产、储存还是搬运、使用过程中，都存在着很多危险因素，随之也易引发危险化学品事故。据不完全统计，目前全世界每年因化学品事故和化学危害造成的损失超过 4 000 亿元人民币，这引起了世界各国的高度重视，大多工业化国家和一些国际组织制定有关化学品安全的法规、标准和公约，旨在加强化学品的安全管理，从而有效地预防和控制化学品事故和危害。

1. 危险化学品管理一般要求

危险化学品是指具有毒害、腐蚀、爆炸、燃烧、助燃等性质，对人体、设施、环境具有危害的剧毒化学品和其他化学品。一般管理要求如下：

（1）不得使用国家禁止使用的危险化学品。

（2）使用危险化学品的单位应采购有危险化学品安全生产许可或经营许可资质单位的危险化学品。

（3）危险化学品应储存在专用仓库、专用储存室、气瓶间或专柜等专门的储存场所，不应露天存放。

（4）危险化学品储存场所不应设置在地下或半地下建、构筑物内。危险化学品储存场所不应设置职工宿舍或休息室。

（5）单位不具备建专用仓库条件的，应通过增加危险化学品配送频次等有效措施将存放量降低至规定要求内，在本单位适当区域设专用储存室。

（6）使用危险化学品的单位应在危险化学品储存场所和使用场所的显著位置张贴或悬挂危险化学品岗位安全操作规程和应急处置方案。

（7）使用危险化学品的单位应保留符合国家标准规定的，并与所储存、使用危险化学品种类相符的化学品安全标签和安全技术说明书。

（8）使用危险化学品的单位不应随意更换危险化学品的储存包装，包括内包装和外包装。不应在危险化学品储存场所对危险化学品进行分装、改装。

（9）使用危险化学品的单位应建立危险化学品储存台账，在危险化学品储存场所应有温湿度记录和安全检查记录。危险化学品出入储存场所时，应检验物品数量、包装等情况。

（10）使用危险化学品的单位应按危险化学品的危险性质分区、分类、分库（或分柜）存放，禁忌类危险化学品不应混合存放。凡能混存危险化学品，采用堆垛方式码放的，货垛与货垛之间应留有1 m以上的距离，包装容器应完整，两种物品不应发生接触。

（11）装卸、搬运危险化学品时应轻装、轻卸，不应摔、碰、撞击、拖拉、摩擦、倾倒和滚动。装卸搬运有燃烧爆炸危险性危险化学品的机械和工具应选用防爆型。

（12）使用、储存危险化学品的场所应按国家标准规定配备消防器材。消防器材应便于取用，应有明显的标识，周围不应放杂物，并不应挪作他用。消防器材应有专人负责，定期检查。使用危险化学品的单位应根据所储存的危险化学品性质和特点，为作业人员配置事故柜、急救箱和个人防护用品。在有毒性、腐蚀性、刺激性危害的环境中，应设置淋洗器、洗眼器等卫生防护设施，其服务半径应不大于 15 m。

（13）废弃危险化学品应存放在专门的储存场所，并指定专人负责管理；废弃危险化学品应交由有危险废物处置资质的单位进行处置。

（14）存放废弃危险化学品的场所、设施，应设置危险废弃物识别标志。

（15）不应在危险化学品储存场所堆积可燃性物品。泄漏、渗漏危险化学品的包装容器应迅速转移至安全区域，不应存放在危险化学品储存场所。

2. 危险化学品事故应急处置常识

（1）危险化学品事故应急处置基本原则——“防、撤、洗、治”。

防护：呼吸防护，在确认发生毒气泄漏或危险化学品事故后，应马上用手帕、餐巾纸、衣物等随手可及的物品捂住口鼻。手头如有水或饮料，最好把手帕、衣物等浸湿。最好能及时戴上防毒面具、防毒口罩。皮肤防护，尽可能戴上手套，穿上雨衣、雨鞋等，或用床单、衣物遮住裸露的皮肤。如已备有防化服等防护装备，要及时穿戴。眼睛防护，尽可能戴上防护眼镜。做好食品检测，污染区及周边地区的食品和水源须经检测无害后方可食用、饮用。

撤离：判断毒源与风向，沿上风或上侧风路线，朝着远离毒源的方向撤离现场。

洗消：到达安全地点后，要及时脱去被污染的衣服，用流动的水冲洗身体，特别是曾经裸露的部分，防止皮肤吸入性中毒。

救治：迅速拨打“120”，将中毒人员及早送医院救治。中毒人员在等待救援时应保持平静，避免剧烈运动，以免加重心肺负担致使病情恶化。

（2）危险化学品烧灼伤的现场急救。化学腐蚀物品对人体有腐蚀作用，易造成化学灼伤，腐蚀物品造成的灼伤与一般火灾造成的烧伤、烫伤不同，开始时往往感觉不太疼，但发觉时皮肤组织已被灼伤，所以对触及皮肤的腐蚀物品应迅速采取淋洗等急救措施。对化学性皮肤烧伤，应将受伤害人员立即移离现场，迅速脱去受污染的衣裤、鞋袜等，并用大量流动的清水冲洗创面20～30 min，以稀释有毒物质，防止毒物继续损伤机体和通过伤口吸收。新鲜创面上严禁任意涂抹油膏或红药水、紫药水，不要用脏布包裹；黄磷烧伤时应用大量清水冲洗、浸泡或用多层干净的湿布覆盖创面。化学性眼烧伤，要在现场迅速用流动的清水进行眼部冲洗。

（3）危险化学品急性中毒的现场急救。若为沾染皮肤中毒，应迅速脱去受污染的衣物，用大量流动的清水冲洗至少15 min。若为吸入中毒，应迅速脱离中毒现场，向上风方向移至空气新鲜处，同时解开中毒者的衣领，放松裤带，使其保持呼吸道畅通，并要注意保暖，防止受凉。若为口服中毒，中毒物为非腐蚀性物质时，可用催吐方法使其将毒物吐出。但误服强碱、强酸等腐蚀性强的物品时，催吐会使食道、咽喉再次受到严重损伤，可服牛奶、蛋清、豆浆、淀粉糊等，此时不能洗胃，也不能服碳酸氢钠，以防胃胀气引起穿孔。现场如果发现中毒者心跳、呼吸骤停，应立即实施人工呼吸和胸外心脏按压术，使其维持呼吸、循环功能。

（4）危险化学品火灾事故处置措施。

1）先控制，后消灭。针对危险化学品火灾的火势发展蔓延快和燃烧面积大的特点，积极采取统一指挥、以快制快，堵截火势、防止蔓延，重点突破、排除险情，分割包围、速战速决的灭火战术。

2）扑救人员应占领上风或侧风阵地。

3）进行火情侦察、火灾扑救、火场疏散人员应有针对性地采取自我防护措施，如佩戴防护面具、穿戴专用防护服等。

4）应迅速查明燃烧范围、燃烧物品及其周围物品的品名和主要危险特性、火势蔓延的主要途径、燃烧的危险化学品及燃烧产物是否有毒。

5）正确选择最适当的灭火剂和灭火方法。火势较大时，应先堵截火势蔓延，控制燃烧范围，然后逐步扑灭火势。

6）对有可能发生爆炸、爆裂、喷溅等特别危险需紧急撤退的情况，应按照统一的撤退信号和撤退路线及时撤退。

7）火灾扑灭后，仍然要派人监护现场，防止复燃。

（5）危险化学品泄漏事故处置措施。

1）安全防护：进入泄漏现场进行处理时，应注意安全防护，

现场救援的人员必须配备必要的个人防护器具。必须做到：①如果泄漏物是易燃易爆的，事故中心区应严禁火种、切断电源，禁止车辆进入，立即在边界设置警戒线。根据事故情况和事故发展，确定事故波及区人员的撤离方案。②如果泄漏物是有毒的，应使用专用防护服、隔绝式空气面具，立即在事故中心区边界设置警戒线，根据事故情况和事故发展，确定事故波及区人员的撤离方案。③应急处理时严禁单独行动，要有监护人，必要时用水枪、水炮掩护。

2）泄漏源控制：关闭阀门、停止作业或改变工艺流程、物料走副线、局部停车、减负荷运行等。堵漏时，采用合适的材料和技术手段堵住泄漏处。

3）泄漏物处理：①围堤堵截。围堤堵截泄漏液体或者引流到安全地点。储罐区发生液体泄漏时，要及时关闭雨水阀，防止物料沿明沟外流。②稀释与覆盖。向有害物蒸气云喷射雾状水，加速气体向高空扩散。对于可燃物，也可以在现场施放大量水蒸气或氮气，破坏燃烧条件。对于液体泄漏，为降低物料向大气中的蒸发速度，可用泡沫或其他覆盖物品覆盖外泄的物料，在其表面形成覆盖层，抑制其蒸发。③收容（集）。对于大型泄漏，可选择用隔膜泵将泄漏出的物料抽入容器内或槽车内；当泄漏量小时，可用沙子、吸附材料、中和材料等吸收中和。④废弃。将收集的泄漏物运至废物处理场所处置。

3. 实验室危险化学品危害及其使用注意事项

（1）实验室常用的危险化学品分类。

1）易燃品：汽油、乙醚、丙酮、苯、乙酸乙酯、无水乙醇、磷、钾、钠、碳化钙（电石）等。

2）氧化剂：双氧水、氯酸钾、高锰酸钾、硝酸铵、硝酸钾、硝酸钠、重铬酸钾、硝酸汞、硝酸银、硝酸铜等。

3）毒害品：二氯化钡、氢氧化钡、四氯化碳、三氯甲烷、乙酸铅、水银、砒霜、氰化钠、氰化钾等。

4）酸性腐蚀品：硝酸、硫酸、盐酸、溴、磷酸、甲酸、冰乙酸、乙酸、苯酚等。

5）碱性腐蚀品：氢氧化钾、氢氧化钠、氨水、氧化钙（生石灰）、氢氧化钙等。

（2）实验室强酸化学试剂使用注意事项。

1）取用浓硫酸时要戴防护手套，并佩戴护目镜，防止酸液溅出灼烧皮肤和眼睛。

2）浓硝酸、浓盐酸具有挥发性，使用时要在通风橱内或佩戴防毒面罩。

3）配制试剂要严格遵守操作规程，例如：配制硫酸溶液切记不能将水倾入浓硫酸，正确的方法是将浓硫酸沿玻璃棒缓慢注入水中，并不断搅拌。如果强酸不慎滴溅在皮肤上或眼睛里，接触部位受腐蚀，会有肿胀、灼痛，呼吸困难，脉快而弱，瞳孔放大，剧痛者可至休克或虚脱，甚至死亡。

4）如果酸液滴在皮肤上，应立即用大量水冲洗，并用5％的碳酸氢钠冲洗，严重时需要就医。

5）如果浓硫酸滴在皮肤上，应先用干抹布轻轻擦去，再进行冲洗。

6）如果酸液滴在眼睛里，必须立即提起眼睑，用大量水冲洗，并不时转动眼球，及时就医。

7）如果氢氰酸滴在皮肤上，必须立即冲洗干净，并立即吸入亚硝酸异戊酯解毒，及时就医。

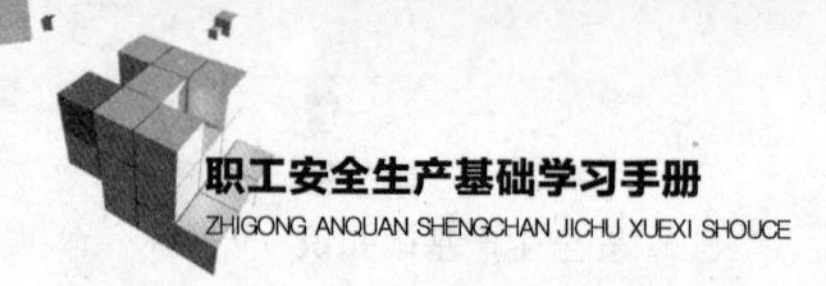

（3）实验室强碱试剂使用注意事项。

1）操作人员必须穿戴工作服、口罩、防护眼镜、橡皮手套等劳动防护用品。

2）接触片状或粒状烧碱时，工作场所应有通风装置，并保持空气清新。

3）配制氨水溶液时要在通风橱内进行。

4）稀释或制备溶液时，应把碱加入水中，并不断搅拌，避免沸腾和飞溅。强碱不慎接触人体时，接触部位一般有腐蚀、灼热、剧烈疼痛，并伴有血性呕吐、下泄、声哑、脉速等现象，严重者可产生虚脱。

5）如果碱液滴在皮肤上，应立即用大量水冲洗，并用红醋冲洗，严重时需要就医。

6）如果碱液滴在眼睛里，必须立即提起眼睑，用大量水冲洗，并不时转动眼球，及时就医。

7）少量误食强碱时立即用食醋、3%～5%醋酸或5%稀盐酸、大量橘汁或柠檬汁等中和，饮蛋清、牛奶或植物油并迅速就医，禁忌催吐和洗胃。

8）碱液滴在皮肤上时，不要用酸去中和，避免放热烧伤。

十、危险作业安全基础知识

危险作业是指对作业人员本身和周围人员、设备及设施等具有较大的危险性，可能引发安全事故的作业活动。危险作业安全可靠性差，易发生人员伤亡事故，生产经营单位一直都将危险作业的安全监管作为开展安全生产工作的重中之重。

1. 危险作业分类

一般来说，危险作业有动火作业、高处作业、受限空间作业、临时用电作业、破土作业、吊装作业、设备检修作业和盲板抽堵作业等。

（1）动火作业：指进行焊接与切割，使用喷灯、电钻、砂轮等可能产生火焰、火花和炽热表面的临时性作业，例如：禁区（场站）动火、新旧管网碰口。

（2）高处作业：指在坠落高度基准面 2 m 及 2 m 以上有可能坠落的高处进行的作业，例如：燃气安装作业（包括轻质屋面安装作业）、储罐防腐作业等。

（3）受限空间作业：指进入或探入罐体（容器）、管道以及地下室（半封闭场所）、窨井、坑（池）、下水道等场所的作业，例如：储罐检测或修复、地下排水沟清理等。

（4）临时用电作业：指在正式运行的电源上所接的一切临时用电的作业。

（5）破土作业：指新建、改建、扩建项目工程中进行土建施工，挖掘深坑、深槽等可能造成坍塌、高处坠落的土石方作业。

（6）吊装作业：指在检（维）修过程中利用各种吊装机具将设备、工件、器具、材料等吊起，使其发生位置变化的作业。

（7）设备检修作业：指为了保持和恢复设备、设施规定的性能而进行的检测、修理作业。

（8）盲板抽堵作业：包括在设备抢修或检修过程中，设备、管道内存有物料（气、液、固态）及一定味道、压力情况时的盲板抽堵，或设备、管道内物料经吹扫、置换、清洗后的盲板抽堵。

2. 危险作业分级

（1）动火作业：一般可分为特殊动火作业、一级动火作业和二级动火作业。

1）特殊动火作业：指在生产运行状态下的易燃易爆生产装备、输送管道、储罐、容器等部位及其他特殊危险场所进行的动火作业。带压不置换动火作业按特殊动火作业管理。

2）一级动火作业：指在易燃易爆场所进行的除特殊动火作业以外的动火作业。危险化学品厂区管廊上的动火作业按一级动火作业管理。

3）二级动火作业：指除特殊动火作业和一级动火作业以外的禁火区内动火作业。

遇节日、假日或其他特殊情况时，动火作业应升级管理。

（2）高处作业：按作业高度一般分为一级高处作业、二级高处作业、三级高处作业和特级高处作业。

1）一级高处作业：作业高度大于等于 2 m、小于 5 m 的作业。

2）二级高处作业：作业高度大于等于 5 m、小于 15 m 的作业。

3）三级高处作业：作业高度大于等于 15 m、小于 30 m 的作业。

4）特级高处作业：作业高度大于等于 30 m 的作业。

（3）吊装作业：按吊装重物的质量一般分为一级吊装作业、二级吊装作业和三级吊装作业。

1）一级吊装作业：吊装重物的质量大于 100 t 的作业。

2）二级吊装作业：吊装重物的质量大于等于 40 t、小于等于 100 t 的作业。

3）三级吊装作业：吊装重物的质量小于 40 t 的作业。

3. 危险作业审批管理

各生产经营单位可结合实际对危险作业审批程序实现分级许可设置，既便于控制风险，又有利于实际工作开展。以下列举了几项危险作业的审批管理办法。

（1）动火作业。

1）动火作业证的区分：特殊动火作业、一级动火作业、二级动火作业的动火作业证应以明显标记加以区分。

2）动火作业证的办理和使用要求：

①办证人须按动火作业证的项目逐项填写，不得空项；根据审批权限进行办理。

②办理好动火作业证后，动火作业负责人应到现场检查动火作业安全措施落实情况，确认安全措施可靠并向动火人和监火人交代安全注意事项后，方可批准开始作业。

③动火作业证实行一个动火点、一张动火证的动火作业管理。

④动火作业证不得随意涂改和转让，不得异地使用或扩大使用范围。

⑤动火作业证一式三联，二级动火作业由审批人、动火人和动火点所在车间操作岗位各持一份存查；一级动火作业和特殊动火作业由动火点所在车间负责人、动火人和主管安全（防火）部门各持一份存查；动火作业证保存期限至少为 1 年。

3）动火作业证的审批：

①特殊动火作业由主管厂长或总工程师审批。

②一级动火作业由主管安全（防火）部门审批。

③二级动火作业由动火点所在车间主管负责人审批。

4）动火作业证的有效期限：

①特殊动火作业和一级动火作业的动火作业证有效期不超过 8 h 。

②二级动火作业的动火作业证有效期不超过 72 h，每日动火前应进行动火分析。

动火作业证超过有效期限，应重新办理。

（2）高处作业。

1）高处作业审批：

①一级高处作业和在坡度大于 45°的斜坡上面的高处作业，由车间领导负责审批。

②二级高处作业、三级高处作业及下列情形的高处作业由车间领导审核后，报单位相关主管部门审批。

a. 在升降（吊装）口、坑、井、池、沟、洞等上面或附近进行高处作业。

b. 在易燃、易爆、易中毒、易灼伤的区域或转动设备附近进行高处作业。

c. 在无平台、无护栏的塔、釜、炉、罐等化工容器、设备及架空管道上进行高处作业。

d. 在塔、釜、炉、罐等设备内进行高处作业。

e. 在临近排放有毒、有害气体和粉尘的放空管线或烟囱及设备高处作业。

③特级高处作业及下列情形的高处作业，由单位安全部门审核后，报主管安全负责人审批。

a. 在阵风风力为 6 级（风速 10.8 m/s）及以上情况下进行的强风高处作业。

b. 在高温或低温环境下进行的异温高处作业。

c. 在降雪时进行的雪天高处作业。

d. 在降雨时进行的雨天高处作业。

e. 在室外完全采用人工照明进行的夜间高处作业。

f. 在接近或接触带电体条件下进行的带电高处作业。

g. 在无立足点或无牢靠立足点的条件下进行的悬空高处作业。

2）高处作业证的办理及使用要求：

①作业负责人应根据高处作业的分级和类别向审批单位提出申请，办理高处作业证。

②高处作业证一式三联，一份交作业人员，一份交作业负责人，一份交安全管理部门留存，保存期为 1 年。

③高处作业证有效期 7 天，若作业时间超过 7 天，应重新审批。对于作业期较长的项目，在作业期内，作业单位负责人应经常深入现场检查，发现隐患及时整改，并做好记录。若作业条件发生重大变化，应重新办理高处作业证。

（3）受限空间作业。

1）受限空间作业证由作业单位负责办理。

2）受限空间作业证所列项目应逐项填写，安全措施栏应填写具体的安全措施。

3）受限空间作业证可根据单位部位危害严重程度分级由受限空间所在车间或所在单位负责人审批。

4）同一处受限空间、同一作业内容办理一张受限空间作业证。当受限空间工艺条件、作业环境条件改变时，应重新办理受限空间作业证。

5）受限空间作业证一式三联，一、二联分别由作业负责人、监护人持有，第三联由受限空间所在单位安全部门存查，受限空间作业证保存期限至少为1年。

4. 危险作业风险分析及控制措施

（1）动火作业。动火作业风险分析及控制措施见表2。

表2　　动火作业风险分析及控制措施

序号	风险分析	控制措施
1	电、气焊作业人员是否持证上岗	电、气焊作业人员必须持有有效的焊工证，其他用火人员应持有效的本岗位工种作业证
2	劳动防护着装是否规范	必须戴安全帽、防护眼镜、防护手套，穿工作服、劳保鞋。电焊工必须穿戴绝缘手套、绝缘劳保鞋
3	动火人和监护人是否了解现场情况，清楚潜在的风险	作业前必须进行安全教育，现场情况要做安全措施交底
4	动火监护人是否持证上岗	动火监护人应有岗位操作合格证，应参加由安全监督管理部门组织的动火监护人培训班，考核合格后由安全监督管理部门发放动火监护人资格证书
5	是否有动火作业程序或安全规程	若没有，动火监护人应制止动火
6	动火作业证是否实行“一处一证一人”	一张动火作业证只限一处用火，实行一处（一个用火地点）、一证（动火作业证）、一人（动火监护人），不能用一张动火作业证进行多次多处动火

续表

序号	风险分析	控制措施
7	动火部位与动火作业证是否相符	当发现动火部位与动火作业证标注不相符合，或者动火安全措施不落实时，动火监护人应制止动火
8	施工动火涉及其他管辖区域时，相关方是否进行了会签	施工动火涉及其他管辖区域时，由所在管辖区域单位领导审查会签，并由双方单位共同落实安全措施，各派 1 名动火监护人
9	系统是否彻底隔绝	切断物料来源并加好盲板
10	系统内是否存在易燃易爆物质	进行置换、冲洗至分析合格
11	动火设备是否存在无法彻底置换的易燃物质	动火设备通以蒸汽（或氮气）后进行动火
12	动火部位是否存在有毒介质	动火部位存在有毒介质的，应对其浓度检测分析，若含量超过车间空气中有害物质最高允许浓度时，应采取相应的安全措施
13	是否严格执行“三不动火”	“三不动火”是指没有经批准的动火作业证不动火，动火监护人不在现场不动火，防火措施不落实不动火
14	生产系统是否保持不低于 100 mm 水柱正压	必须设专人负责监视生产系统内压力变化情况，使系统保持不低于 100 mm 水柱正压。低于 100 mm 水柱压力应停止动火
15	溶解乙炔气钢瓶是否卧放	必须直立摆放

续表

序号	风险分析	控制措施
16	氧气瓶与乙炔气瓶是否在烈日下暴晒	夏季应采取防晒措施
17	电焊回路接线是否正确	电焊回路线接在焊件上，不得穿过下水井或与其他设备搭接
18	在有可燃物构件的凉水塔、脱气塔、水洗塔等内部进行动火作业前，是否已采取了防火隔绝措施	凡在有可燃物构件的凉水塔、脱气塔、水洗塔等内部进行动火作业时，必须采取防火隔绝措施，以防火花溅落引起火灾
19	动火现场是否设有安全警示标志和安全警戒线	现场设立安全警示标志和安全警戒线
20	配备的劳动防护用品是否充分，所用的劳动防护用品是否符合安全要求	按标准配备劳动防护用品，选用的劳动防护用品应是有相应资质厂家生产的合格产品
21	动火作业前是否检查电、气焊工具及其附件安全、可靠、灵敏	动火作业前，应检查电、气焊工具，保证安全可靠，不准带“病”使用
22	氧气瓶与乙炔气瓶之间的间距以及二者与动火作业地点之间的间距是否符合要求	氧气瓶与乙炔气瓶间距不小于 5 m，二者与动火作业地点不小于 10 m
23	是否已采取了有效的安全防火措施，配备了足够适用的消防器材	按标准配备消防器材
24	电焊机二次线圈及外壳是否进行了接地或接零保护	接地良好，接地电阻不大于 4 Ω
25	在多人或交叉电焊作业场所是否设有防护遮板	应设有有效的防护遮板

续表

序号	风险分析	控制措施
26	高空动火作业是否采取了防止火花溅落的措施	高空动火作业，其下部地面如有可燃物、空洞、窨井、地沟、水封等，应检查分析，并采取措施，以防火花溅落引起火灾爆炸事故
27	需在盛装或输送可燃气体、可燃液体、有毒有害介质或其他重要的运行设备、容器、管线上进行焊接作业时，设备管理部门是否对施工方案进行了确认	在盛装或输送可燃气体、可燃液体、有毒有害介质或其他重要的运行设备、容器、管线上进行焊接作业时，设备管理部门必须对施工方案进行确认，对设备、容器、管线进行测厚，并在动火作业证上签字
28	作业场所照明光线是否不良或过度	按照国家标准设置照度
29	如在露天动火作业，风力是否达到五级以上（含五级风）	五级风以上（含五级风）天气，禁止露天动火作业。因生产需要确需动火作业时，动火作业应升级管理
30	动火作业前是否清除了动火现场及周围的易燃物品	动火点周围要清除易燃物，下水井、地漏、地沟、电缆沟等处采取覆盖、铺沙、水封等手段进行隔离。动火点 30 m 以内严禁排放各类可燃气体；15 m 范围内严禁排放各类可燃液体，也不可进行装卸作业；在同一动火区域不应同时进行可燃溶剂清洗和喷漆等施工
31	动火作业现场的通风是否良好	保持良好通风，必要时强制通风

续表

序号	风险分析	控制措施
32	在高处、受限空间等特殊场所进行动火作业，是否按相应规定办理了作业许可手续	在受限空间内进行动火作业、临时用电作业时，不允许同时进行刷漆、喷漆作业或使用可燃溶剂清洗等其他可能散发易燃气体、易燃液体的作业

（2）高处作业。高处作业风险分析及控制措施，见表3。

表3　　高处作业风险分析及控制措施

序号	风险分析	控制措施
1	劳动防护着装是否规范	必须戴安全帽、防护眼镜、防护手套，穿工作服、劳保鞋，系好安全带
2	高处作业是否设有监护人	高处作业应设监护人对高处作业人员进行监护。监护人应坚守岗位
3	作业人员身体条件是否符合要求	凡患高血压、心脏病、贫血病、癫痫病、精神病以及其他不适于高处作业的人员，不得从事高处作业
4	作业人员对现场状况及存在的危害是否了解	直属企业基层单位与施工单位现场安全负责人应对作业人员进行必要的安全教育；施工单位负责人应向施工作业人员进行作业程序和安全措施交底
5	是否制定了应急预案	应制定应急预案，内容包括作业人员紧急状况时的逃生路线和救护方法，现场应配备的救生设施和灭火器材等

续表

序号	风险分析	控制措施
6	高处作业人员是否系好安全带	高处作业人员应系用与作业内容相适应的安全带。安全带应系挂在施工作业处上方的牢固构件上，不得系挂在有尖锐棱角的部位。安全带系挂点下方应有足够的净空
7	高处作业所用工具、材料的堆放是否平稳	高处作业严禁上下投掷工具、材料和杂物等。所用材料应堆放平稳，必要时应设安全警戒区，并设专人监护
8	工具是否配有安全绳、工具套（袋）	工具在使用时应系有安全绳，不用时应将工具放入工具套（袋）内
9	是否有交叉作业	在同一坠落方向上，一般不得进行上下交叉作业。如果确实需要进行交叉作业，中间应设置安全防护层。坠落高度超过 24 m 的交叉作业，应设双层防护
10	高处作业人员是否存在不安全行为	高处作业人员不得站在不牢固的结构物上进行作业，不得在高处休息，上下时应按规定路线，严禁沿着绳索、立杆或栏杆攀爬
11	材料、器具、设备是否完好	脚手架的搭设必须符合国家有关规程和标准，不可固定在设备附件上。高处作业应使用符合安全要求的吊笼、梯子、防护围栏、挡脚板和安全带等。跳板必须符合要求，两端必须捆绑牢固。作业前，应仔细检查所用的安全设施是否坚固、牢靠

续表

序号	风险分析	控制措施
12	安全带的使用是否正确	安全带应系在人体正上方的构件上，不宜斜挂使用，不得低挂高用
13	是否为有毒、有害环境	在邻近地区有排放有毒、有害气体及粉尘超出允许浓度的烟囱及设备的场合，严禁进行高处作业。即使在允许浓度范围内，也应采取有效的防护措施，佩戴防毒面具
14	气候条件是否适合高处作业	遇有不适宜高处作业的恶劣气象（如六级风以上、雷电、暴雨、大雾等）条件时，严禁露天高处作业。在应急状态下，按应急预案执行
15	登石棉瓦、瓦棱板等轻型材料作业时，是否采取了必要的安全防护措施	登石棉瓦、瓦棱板等轻型材料作业时，必须铺设牢固的脚手板，并加以固定，脚手板上要有防滑措施
16	现场是否设置警戒线、安全警示标志	高处作业现场应设有防护栏、安全网、警戒线、安全警示标志。除有关人员，不准其他人员在作业点下通行或逗留
17	在化工危险区作业是否与车间取得联系	在化学危险物品生产、储存场所或附近有放空管线的位置作业时，应事先与车间有关负责人取得联系，并建立联系信号
18	现场是否噪声大或视线不清	配备必要的联络工具，并指定专人负责联系

续表

序号	风险分析	控制措施
19	作业场所照明光线是否不良或过度	夜间高处作业应配有充足的照明
20	在受限空间等特殊场所进行高处作业，是否按相应规定办理了作业许可手续	高处作业涉及用火、临时用电、进入受限空间等作业时，应按规定办理相关作业许可

（3）受限空间作业。受限空间作业风险分析及控制措施见表4。

表4　　受限空间作业风险分析及控制措施

序号	风险分析	控制措施
1	特种作业人员是否持证上岗	特种作业人员必须持有有效的特种作业证
2	劳动防护着装是否规范	必须戴安全帽、防护眼镜、防护手套，穿工作服、劳保鞋。若进入有腐蚀介质的受限空间，必须穿戴防腐工作服、防腐面具、防腐鞋及手套
3	作业人员和监护人是否了解现场情况，清楚潜在的风险	作业前必须进行安全教育。生产单位必须与施工单位进行现场检查交底，施工单位负责人应向施工作业人员进行作业程序和安全措施交底
4	是否制定了相应的作业程序、安全防范和应急措施	进入受限空间作业前，监护人和作业人员必须熟知紧急状况时的逃生路线和救护方法，监护人与作业人员应约定联络信号。作业现场应配备一定数量的、符合规定的救生设施和灭火器材等

续表

序号	风险分析	控制措施
5	是否严格执行“三不进入”	“三不进入”是指没有办理受限空间作业证不进入，安全防护措施没有落实不进入，监护人不在现场不进入
6	进入受限空间作业前，是否已做好工艺处理	将受限空间吹扫、蒸煮、置换合格，所有与其相连且可能存在可燃可爆、有毒有害物料的管线、阀门应加盲板隔离，盲板处应挂牌标识
7	对盛装过能产生自聚物的设备容器，是否做过加热试验	对盛装过能产生自聚物的设备容器，作业前应进行工艺处理，采取蒸煮、置换等方法，并做聚合物加热试验
8	在缺氧、有毒环境中，是否佩戴隔离式防毒面具	在特殊情况下，作业人员应佩戴供风式面具、空气呼吸器等。使用供风式面具时，供风设备必须安排专人监护
9	进入受限空间作业是否使用安全电压和安全行灯	进入金属容器（炉、塔、釜、罐等）和特别潮湿、工作场地狭窄的非金属容器内作业，照明电压不大于 12 V；当需要使用电动工具或照明电压大于 12 V 时，应按规定安装漏电保护器，其接线箱（板）必须放置在容器外部
10	是否使用卷扬机、吊车等运送作业人员	进入受限空间作业，不得使用卷扬机、吊车等运送作业人员。作业人员所带的工具、材料必须进行登记

续表

序号	风险分析	控制措施
11	是否是易燃易爆环境	在易燃易爆环境中，应使用防爆电筒或电压不大于 12 V 的防爆安全行灯。行灯变压器不得放在容器内或容器上。作业人员应穿戴防静电服装，使用防爆工具
12	取样分析是否有代表性、全面性	受限空间容积较大时，应对上、中、下各部位取样分析，保证受限空间任何部位的有害物质含量合格
13	带有搅拌器等转动部件的设备，在断电后是否采取了必要的安全防范措施	带有搅拌器等转动部件的设备，应在停机后切断电源，摘除保险，并在开关上挂上“有人工作、严禁合闸”警示牌，必要时拆除转动部件与电动机连接的联轴器
14	是否存在交叉作业	应有防止交叉作业层间落物伤害作业人员的安全措施
15	是否有防止人员误入的措施	在受限空间入口处应设置“危险！严禁入内”警告牌或采取其他封闭措施
16	作业场所照明光线是否不良或过度	按照国家标准设置照度
17	设备的出入口内、外是否畅通无阻	设备的出入口内、外不得有障碍物，保证其畅通无阻，便于人员出入和抢救疏散
18	受限空间内的通、排风是否良好	受限作业空间内可采用自然通风。必要时可用通风机、鼓风机强制抽风或鼓风，但严禁向内充氧气

续表

序号	风险分析	控制措施
19	进入受限空间需要进行高处、动火等作业，是否按相应规定办理了作业许可手续	应按规定办理相关作业许可手续

（4）临时用电作业。临时用电作业风险分析及控制措施见表5。

表5　临时用电作业风险分析及控制措施

序号	风险分析	控制措施
1	安装临时线路人员是否持有电工作业证	安装临时用电线路人员必须持有有效的电工作业证
2	劳动防护着装是否规范	必须戴安全帽、绝缘手套，穿工作服、绝缘鞋
3	在运行的生产装置、罐区和具有火灾爆炸危险场所内接临时电源，是否同时办理了动火作业证	在运行的生产装置、罐区和具有火灾爆炸危险场所内一般不允许接临时电源。确属装置生产、检修施工需要时，在办理临时用电作业证的同时，按规定办理动火作业证
4	施工作业人员是否熟悉作业程序和安全措施	配送电单位负责人应对作业程序和安全措施进行确认；施工单位负责人应向施工作业人员进行作业程序和安全措施交底
5	施工队伍是否有自备电源	有自备电源的施工和检修队伍，自备电源不应接入公用电网
6	临时用电设备和线路是否按供电电压等级和容量正确使用	临时用电设备和线路应按供电电压等级和容量正确使用，所用的电气元件应符合国家规范标准要求，临时用电电源施工、安装应严格执行电气施工安装规范，并接地良好

续表

序号	风险分析	控制措施
7	防爆区域内的电气元件和线路是否达到防爆等级要求	在防爆场所使用临时电源，电气元件和线路应达到相应的防爆等级要求，并采取相应的防爆安全措施
8	绝缘是否良好	临时用电架空线应采用绝缘铜芯线，临时用电线路及设备的绝缘应良好
9	架空线与地面的距离是否符合要求	架空线最大弧垂与地面距离，在施工现场不低于 2.5 m，穿越机动车道不低于 5 m。架空线应架设在专用电杆上，严禁架设在树木和脚手架上
10	安全标志是否明显	对需埋地敷设的电缆线线路应设有走向标志和安全标志
11	埋地电缆是否符合要求	电缆埋地深度不应小于 0.7 m，穿越公路时应加设防护套管
12	现场临时配电盘、配电箱是否有防雨等措施	对现场临时用电配电盘、配电箱应有编号，应有防雨措施，盘门、箱门应能牢靠关闭
13	行灯电压是否符合要求	行灯电压不应超过 36 V，在特别潮湿的场所或塔、釜、槽、罐等金属设备作业装设的临时照明行灯电压不应超过 12 V
14	临时用电设施是否安装漏电保护器	临时用电设施应安装符合规范要求的漏电保护器，移动工具、手持式电动工具应“一机一闸一保护”

续表

序号	风险分析	控制措施
15	临时用电的相制是否符合要求	临时用电的单相和混用线路应采用五线制

（5）破土作业。破土作业风险分析及控制措施见表6。

表6　破土作业风险分析及控制措施

序号	风险分析	控制措施
1	作业人员作业前是否经安全教育	破土作业前，项目负责人应对作业人员进行安全教育
2	工程主管部门是否组织有关部门进行现场交底	工程主管部门应根据情况，组织电力、电信、生产、公安、消防、安全等有关部门、破土施工区域所属单位和地下设施的主管单位联合进行现场地下情况交底，向施工单位提出具体要求
3	施工单位是否制定施工方案并经过审批	施工单位应根据工作任务、交底情况及施工要求，制定施工方案，落实安全施工措施。经施工主管部门现场负责人和直属企业基层单位现场负责人签署意见，有关部门确认会签后，报直属企业二级单位主管领导审批
4	是否有施工安全监督	破土作业涉及电力、电信、地下供排水管线、生产工艺埋地管道等地下设施时，施工单位应设专人进行施工安全监督
5	是否已做好排水工作	在破土开挖前，应先做好地面和地下排水，严防地面水渗入到作业层面，造成塌方

续表

序号	风险分析	控制措施
6	是否采取了防止滑坡和塌方的措施	破土开挖，应防止邻近建（构）筑物、道路、管道等下沉和变形，必要时采取防护措施，加强观测，防止位移和沉降。挖掘破土时应由上至下逐层挖掘，严禁采用挖空底脚和挖洞的方法。在破土开挖过程中应采取防止滑坡和塌方的措施
7	是否按规定着装和佩戴劳动保护用品	应佩戴安全帽，使用防护器具
8	特殊情况是否报告了建设单位	有下列情形之一的，应报告建设单位，采取有效措施后方可继续进行作业： ①需要占用规划批准范围以外的场地 ②可能损坏道路、管线、电力、邮电通信等公共设施的 ③需要临时停水、停电、中断道路交通的 ④需要进行爆破的 ⑤出现不能辨认的物品
9	是否设有明显的安全警示标志	在道路上（含居民区）及危险区域内施工，应在施工现场设围栏及警告牌，夜间应设警示灯。在地下通道施工或进行顶管作业而影响地上安全或地面活动影响地下施工安全时，应设围栏、警示牌、警示灯

续表

序号	风险分析	控制措施
10	在雨季和解冻期进行破土作业，是否对土方进行了及时检查	雨季和解冻期在土方工程内作业时，应及时检查土方边坡，当发现边坡有裂纹或不断落土及支撑松动、变形、折断等情况应立即停止作业，经采取可靠措施检查无问题后方可继续施工
11	设备、工具是否合格	提前检查，必须牢固、完好，电动工具应安装漏电保护器
12	作业地点是否处于易燃易爆、有毒场所	禁止能产生火花的作业，否则应同时办理动火作业证；备有可燃气体检测仪、有毒介质检测仪
13	是否为多人同时作业	上下交叉作业应戴安全帽，多人同时挖土应相距在 2 m 以上
14	在化工危险场所破土时，是否与有关作业人员建立了联系	与有关作业人员建立联系，现场不安全时操作人员要及时通知其他作业人员撤离
15	作业场所照明光线是否不良或过度	按照国家标准设置照度

（6）吊装作业。吊装作业风险分析及控制措施见表 7。

表 7　　吊装作业风险分析及控制措施

序号	风险分析	控制措施
1	特种作业人员是否持证上岗	起重指挥人员、司索人员（起重工）和起重机械操作人员应持有有效的特种作业人员操作证，方可从事指挥和操作作业

续表

序号	风险分析	控制措施
2	是否编制了吊装施工方案	吊装质量大于等于40 t的物体和土建工程主体结构，应编制吊装施工方案。吊物虽不足40 t，但形状复杂、刚度小、长径比大、精密贵重，施工条件特殊的情况下，也应编制吊装施工方案。在进行大型起重作业前，直属企业安全监督管理部门应对施工方案、施工安全措施和应急预案进行审查
3	作业用的起重机械是否符合要求	①新购置的起重机械，其生产厂家应是政府主管部门颁发具有资质的专业制造厂，其安全、防护装置必须齐全、完备，具有产品合格证和安全使用、维护、保养说明书 ②设计、制造、改制、维修、安装、拆除起重机械（包括临时、小型起重机械），需由取得政府部门或其授权机构颁发许可证的单位进行。改造、安装后的起重装备，应取得当地政府相关部门颁发的使用许可证后方可使用 ③自制、改造和修复的吊具、索具等简易起重设备，必须有设计资料（包括图纸、计算书等）。施工过程中应严格按照图纸进行，经具有检验资质的机构检验合格后方可使用
4	作业人员是否清楚吊装施工方案及作业危害	作用前必须进行安全教育

续表

序号	风险分析	控制措施
5	劳动防护着装是否规范	吊装人员应戴安全帽。高空作业人员应佩戴安全带，穿防滑鞋，带工具袋
6	起重机的停放位置是否合适	起重机不得停放在斜坡道上工作，不允许起重机两条履带或支腿停留部位一高一低或土质一硬一软
7	吊装作业前是否进行了安全检查	吊装作业前应进行以下项目的安全检查： ①安全监督管理部门应对从事指挥和操作的人员进行资格确认 ②对起重机械和吊具进行安全检查确认，确保处于完好状态 ③对安全措施落实情况进行确认 ④对吊装区域内的安全状况进行检查(包括吊装区域的划定、标识、障碍) ⑤核实天气情况
8	是否明确了吊装指挥人员	吊装作业时必须明确指挥人员。指挥人员应佩戴明显的标志
9	正式起吊前是否已进行了试吊	正式起吊前应进行试吊，试吊中检查全部机具、地锚受力情况，发现问题应先将工件放回地面，故障排除后重新试吊，确认一切正常后方可正式吊装

续表

序号	风险分析	控制措施
10	吊装作业是否坚持“十不吊”原则	①超负荷不吊 ②斜拉歪拽不吊 ③吊物上站人不吊 ④物体埋在地下不吊 ⑤重量不清不吊 ⑥易燃易爆物品不吊 ⑦安全装置不灵不吊 ⑧捆绑不实、物体不在中心不吊 ⑨信号不清不吊，无人指挥或违章指挥不吊 ⑩六级风以上等恶劣天气不吊
11	是否将建筑物、构筑物作为吊装锚点	需经工程处审查核算并批准
12	是否利用管道、管架、电杆、机电设备等做吊装锚点	不准吊装
13	吊装设备设施是否带“病”使用	在制动器、安全装置失灵、吊钩防松装置损坏、钢丝绳损伤达到报废标准等情况下禁止起重操作
14	吊物棱角处与钢丝绳之间是否加衬垫	吊物棱角处与钢丝绳之间未加衬垫时不得进行起重操作
15	吊具与吊索的选择、使用是否正确	根据重物的具体情况选择合适的吊具与吊索；不准用吊钩直接缠绕重物，不得将不同种类或不同规格的吊索、吊具混在一起使用；吊具承载不得超过额定起重量，吊索不得超过安全负荷；起升吊物，应检查其连接点是否牢固、可靠

续表

序号	风险分析	控制措施
16	梯子、临时操作台的设置是否符合要求	登高用梯子、临时操作台应绑扎牢靠。梯子与地面夹角以60°～70°为宜。操作台跳板应铺平绑扎，严禁出现挑头板
17	吊点和吊物的重心是否在同一垂直线上	吊物捆绑应牢靠，吊点和吊物的重心应在同一垂直线上
18	在满负荷或接近满负荷时，是否同时进行提升与回转两种动作	起重机应尽量避免满负荷操作；在满负荷或接近满负荷时，严禁同时进行提升与回转（起升与水平转动或起升与行走）两种动作
19	两台或多台起重机械吊运同一重物时，各台起重机械所承受的载荷是否不超过各自额定起重能力的80%	用两台或多台起重机械吊运同一重物时，升降、运行应保持同步；各台起重机械所承受的载荷不能超过各自额定起重能力的80%
20	人员与吊物是否保持安全距离	人员与吊物应保持一定的安全距离
21	两台吊装机械同时作业时，是否保持安全距离	当两台吊装机械同时作业时，两吊钩所悬吊构件之间应保持5 m以上的安全距离
22	现场是否设有安全警戒线、警示标志	在吊装作业范围内应设警戒线并设明显的警示标志，严禁非工作人员通行
23	周围是否有电气线路	起重机械及其臂架、吊具、辅具、钢丝绳、缆风绳和吊物不得靠近高低压输电线路。必须在输电线路近旁作业时，应按规定保持足够的安全距离，不能满足时，应停电后再进行起重作业

续表

序号	风险分析	控制措施
24	天气情况是否适合吊装作业	遇6级以上大风或大雪、大雨、大雾等恶劣天气时，不得从事露天起重作业
25	是否为夜间作业	夜间作业必须配有足够的照明

(7) 设备检修作业。设备检修作业风险分析及控制措施见表8。

表8　设备检修作业风险分析及控制措施

序号	风险分析	控制措施
1	施工单位的资质是否符合要求	建设单位应按照《承包商安全管理规定》对施工单位进行安全资质审查，不合格者不得施工
2	是否编制检修施工方案	施工作业前，施工单位应编制施工方案、安全技术措施和进度计划，报建设单位主管部门审批，并办理施工作业许可证
3	是否对作业人员进行了安全教育	检修前，必须对参加检修作业的人员进行安全教育，内容包括： ①检修作业必须遵守的有关检修安全规章制度 ②检修作业现场和检修过程中可能存在或出现的不安全因素及对策 ③检修作业过程中劳动防护用品的正确佩戴和使用方法 ④检修作业项目、任务、检修方案和检修安全措施

续表

序号	风险分析	控制措施
4	劳动防护着装是否规范	按规定穿戴劳保工作服、工作鞋，戴安全帽
5	是否设有安全隔离作业区	建设单位负责在施工作业现场划出安全隔离作业区，施工单位根据作业内容和作业场所环境情况制定出安全有效的作业区隔离措施方案
6	无法实施区域隔离的，是否制定了安全措施和施工方案	凡在运行的装置区域内进行施工作业，而又无法实施区域隔离的，必须由企业和施工单位共同制定安全措施和施工方案，并逐条落实，检查确认达到安全施工条件后方可进行施工作业
7	待修设备管线或系统是否符合检修安全要求	设备的清洗、置换、交出由设备所在单位负责，设备清洗、置换后应有分析报告。检修项目负责人应会同设备技术人员、工艺技术人员检查并确认设备、工艺处理及盲板抽堵等符合检修安全要求
8	与检修项目相关的工艺管线、下水井系统等，是否采取了有效的隔离措施	凡与检修项目相关的工艺管线、下水井系统等，应采取有效的隔离措施。有毒有害及可燃介质的工艺管线必须加盲板进行隔离；通往下水系统的沟、井、漏斗等必须严密封堵；施工隔离区内凡与生产有关的工艺设备、阀门、管线等，均应有明显的禁动标志

续表

序号	风险分析	控制措施
9	建设单位在不停产状态下进行检修作业，是否制定了事故应急预案并组织了演练	建设单位在不停产状态下进行检修作业，应制定边生产、边检修作业的事故应急预案，并组织职工进行学习和演练
10	检修现场是否设置了围栏和警告标志，并设夜间警示灯	对检修现场的坑、井、洼、沟、陡坡等应填平或铺设与地面平齐的盖板，也可设置围栏和警告标志，并设夜间警示灯
11	检修用的工器具是否符合安全要求	对检修作业使用的脚手架、起重机械、电气焊用具、手持电动工具、扳手、管钳、锤子等各种工器具进行检查，凡不符合作业安全要求的工器具不得使用
12	对需检修设备是否采取了可靠的断电措施，并在电源开关处挂上“禁止启动”的安全标志并加锁	应采取可靠的断电措施，切断需检修设备上的电源，并经启动复查确认无电后，在电源开关处挂上“禁止启动”的安全标志并加锁
13	检修作业使用的气体防护器材、消防器材等，是否保证完好可靠	对检修作业使用的气体防护器材、消防器材、通信设备、照明设备等器材设备应经专人检查，保证完好可靠，并合理放置
14	是否对检修现场的爬梯、栏杆、平台、铁篦子、盖板等进行检查	应对检修现场的爬梯、栏杆、平台、铁篦子、盖板等进行检查，保证安全可靠

续表

序号	风险分析	控制措施
15	消防通道是否畅通	施工机具和材料摆放整齐有序，不得堵塞消防通道和影响生产设施、装置人员的操作与巡回检查
16	是否将生产设备、管道、构架及生产性构筑物做起重吊装锚点	严禁触动正在生产的管道、阀门、电线和设备等，严禁用生产设备、管道、构架及生产性构筑物做起重吊装锚点
17	施工临时用水，是否办理了有关手续	施工临时用水，应办理有关手续，不得使用消防栓供水
18	高处动火作业是否采取了防止火花飞溅的遮挡措施	高处动火作业应采取防止火花飞溅的遮挡措施
19	电焊机接线是否规范	电焊机接线应规范，不得将裸露地线搭接在装置、设备的框架上
20	移动式电气工器具是否配有漏电保护装置	对检修所使用的移动式电气工器具必须配有漏电保护装置
21	检修场所是否有腐蚀性介质	对有腐蚀性介质的检修场所必须备有冲洗用水源
22	是否与生产现场建立了联系	在生产和储存化学危险品的场所进行设备检修时，检修项目负责人要与当班班长联系。如果生产出现异常情况或突然排放物料，危及检修人员的人身安全时，生产当班班长必须立即通知检修人员停止作业，迅速撤离作业场所

续表

序号	风险分析	控制措施
23	夜间检修作业是否有足够的照明	需夜间检修的作业场所，应设有足够亮度的照明装置
24	是否涉及动火、临时用电、进入受限空间、高处等作业	施工作业涉及动火、临时用电、进入受限空间、高处等作业时，应办理相应的作业许可手续

（8）盲板抽堵作业。盲板抽堵作业风险分析及控制措施见表9。

表9　盲板抽堵作业风险分析及控制措施

序号	风险分析	控制措施
1	职责是否明确	盲板抽堵作业由设备交出单位（生产车间）负责，办理盲板抽堵作业证，制定并落实安全措施，指定项目负责人及监护人
2	作业人员是否清楚现场危害	盲板抽堵负责人，必须向作业人员交代工作任务、工作方法、工艺过程及安全注意事项
3	劳动防护着装是否规范	高处作业人员要系安全带；从事有毒物料设备、管道的盲板抽堵作业人员，必须佩戴隔离式防毒面具；从事酸、碱等腐蚀性介质的设备、管道的盲板抽堵作业人员，必须穿戴防酸面具及衣靴
4	是否有盲板图，盲板是否统一编号	画出盲板图，对需要抽堵的盲板统一编号，注明盲板抽堵的部位和盲板的规格

续表

序号	风险分析	控制措施
5	待修设备管线或系统是否按规定进行了工艺处理	作业前，待修设备管线或系统必须放压，排尽残液，最好保持略高于大气的压力，并降温到40℃以下。如果有困难，必须采取有效措施
6	在有毒气体的管道、设备上抽堵盲板时，工艺处理是否满足要求	在有毒气体的管道、设备上抽堵盲板时，非刺激性气体的压力应小于26.7 kPa；刺激性气体的压力应小于6.7 kPa；气体温度应小于60℃
7	盲板位置的选择是否恰当	加盲板的位置应在有物料来源的阀门的另一侧，盲板两侧均应安装垫片，所有螺栓都要紧固
8	盲板处是否挂有明显的标示牌	每个盲板抽堵处应设标牌表明盲板位置
9	盲板材质的选用是否恰当	盲板的材质、厚度应与介质性质、压力、温度相适应，严禁用石棉板或白铁皮代替盲板，禁止使用铸铁、铸钢材质。盲板要平整、光滑，经检查无裂纹和孔洞，高压盲板应经探伤合格
10	盲板的尺寸是否合格	管线中介质已经放空或介质压力小于等于2.5 MPa时，可以使用光滑面盲板，其厚度不应小于管壁的厚度。管线中介质没有放空且压力大于2.5 MPa时，或者需要其他形式的盲板，如凹凸面盲板、槽型盲板、8字盲板等，应委托设计单位进行核算后选取。盲板的直径应大于等于法兰密封面直径，并应按管道内介质性质、压力、温度选用合适的材料制作盲板垫片。盲板应有手柄

续表

序号	风险分析	控制措施
11	是否在易燃易爆场所作业	在易燃易爆场所作业时，作业地点30 m内不得有动火作业；工作照明应使用防爆灯具；工作中使用防爆工具，禁止用铁器敲打管线、法兰等
12	在作业复杂、危险性大的场所作业，是否采取了必要的应急措施	作业复杂、危险性大的场所，除监护人外，还需消防队、医务人员等到场。如果涉及整个生产系统，生产调度人员和厂生产部门负责人必须在场
13	作业人员的站位是否恰当	作业中人员要站在上风向，不得正对法兰缝隙
14	同一管道上是否有多处作业	严禁在同一管道上同时进行两处及两处以上盲板抽堵作业
15	室内作业现场通风是否良好	室内作业必须打开门窗，必要时采取强制通风措施
16	是否存在高处作业	高处盲板抽堵作业应按规定办理高处作业证

5. 职工应遵守的危险作业安全基本要求

（1）总体要求。

1）应执行审批制度。未经审批禁止进行危险作业。

2）对作业人员应进行安全技术交底。

3）应明确作业负责人、安全监护人和作业人员的相关职责，不应在没有安全监护人的情况下作业。

4）实施危险作业前，应根据现场实际情况进行危险评估，并根据评估情况，制定消除、控制危害的措施，形成作业方案，确保整个作业期间处于安全受控状态。

5）作业人员应配备符合国家标准或行业标准要求的劳动防护用品。

6）作业证应包含危害因素分析和安全措施等内容。

7）严格按审批要求和作业方案要求实施危险作业。

（2）专项要求。

由于危险作业专业性较强，各类差别比较大，下面重点介绍几项常见危险作业的安全基本要求。

1）动火作业。

①动火作业应有专人监火，动火作业前应清除动火现场及周围的易燃物品，或采取其他有效的安全防火措施，配备足够适用的消防器材。

②凡在盛有或盛过危险化学品的容器、设备、管道等生产、储存装置及处于《建筑设计防火规范》（GB 50016）规定的甲、乙类区域的生产设备上动火作业，应将其与生产系统彻底隔离，并进行清洗、置换，取样分析合格后方可动火作业。

③凡处于《建筑设计防火规范》（GB 50016）规定的甲、乙类区域的动火作业，地面如有可燃物、空洞、窨井、地沟、水封等，应检查分析，距动火点 15 m 以内的，应采取清理或封盖等措施；对于动火点周围有可能泄漏易燃、可燃物料的设备，应采取有效的空间隔离措施。

④拆除管线的动火作业，应先查明其内部介质及其走向，并制定相应的安全防火措施。

⑤在生产、使用、储存氧气的设备上进行动火作业，氧含量不得超过21％。

⑥五级风以上（含五级风）天气，原则上禁止露天动火作业。因生产需要确需动火作业时，动火作业应升级管理。

⑦在铁路沿线（25 m以内）进行动火作业时，遇装有危险化学品的火车通过或停留时，应立即停止作业。

⑧凡在有可燃物构件的凉水塔、脱气塔、水洗塔等内部进行动火作业时，应采取防火隔绝措施。

⑨动火期间距动火点30 m内不得排放各类可燃气体；距动火点15 m内不得排放各类可燃液体；不得在动火点10 m范围内及动火点下方同时进行可燃溶剂清洗或喷漆等作业。

⑩动火作业前，应检查电焊、气焊、手持电动工具等动火工器具本质安全程度，保证安全可靠。

⑪使用气焊、气割动火作业时，乙炔瓶应直立放置；氧气瓶与乙炔气瓶间距不应小于5 m，二者与动火作业地点不应小于10 m，并不得在烈日下暴晒。

⑫动火作业完毕，动火人和监火人以及参与动火作业的人员应清理现场，监火人确认无残留火种后方可离开。

2）高处作业。

①应设监护人对高处作业人员进行监护，监护人应坚守岗位。

②作业中应正确使用防坠落用品与登高器具、设备。高处作业人员应系用与作业内容相适应的安全带。安全带应系挂在作业处上方的牢固构件上或专为挂安全带用的钢架或钢丝绳上，不得系挂在

移动或不牢固的物件上；不得系挂在有尖锐棱角的部位。安全带不得低挂高用。系安全带后应检查扣环是否扣牢。

③作业场所有坠落可能的物件，应一律先行撤除或加以固定。高处作业所使用的工具、材料、零件等应装入工具袋，上下时手中不得持物。工具在使用时应系安全绳，不用时放入工具袋中。不得投掷工具、材料及其他物品。易滑动、易滚动的工具、材料堆放在脚手架上时，应采取防止坠落措施。高处作业中所用的物料，应堆放平稳，不妨碍通行和装卸。作业中的走道、通道板和登高用具，应随时清扫干净；拆卸下的物件、余料和废料均应及时清理运走，不得任意乱置或向下丢弃。

④雨天和雪天进行高处作业时，应采取可靠的防滑、防寒和防冻措施。凡水、冰、霜、雪均应及时清除。在高耸建筑物进行高处作业的，应事先设置避雷设施。遇有 6 级以上强风、浓雾等恶劣气候，不得进行特级高处作业、露天攀登与悬空高处作业。暴风雪及台风暴雨后，应对高处作业安全设施逐一加以检查，发现有松动、变形、损坏或脱落等现象应立即修理完善。

⑤在临近排放有毒、有害气体、粉尘的放空管线或烟囱的场所进行高处作业时，作业地点的有毒物浓度应在允许浓度范围内，并采取有效的防护措施。遇突发状况，按应急预案执行。

⑥带电高处作业应符合《用电安全导则》（GB/T 13869）的有关要求。高处作业涉及临时用电时应符合《施工现场临时用电安全技术规范》（JCJ 46）的有关要求。

⑦高处作业应与地面随时保持联系，根据现场需要配备必要的联络工具，并指定专人负责联系。尤其是在危险化学品生产、储存场所或附近有放空管线的位置高处作业时，应为作业人员配备必要

的防护器材（如空气呼吸器、过滤式防毒面具或口罩等），应事先与车间负责人或工长（值班主任）取得联系，确定联络方式，并将联络方式填入高处作业证的补充措施栏内。

⑧不得在不坚固的结构（如彩钢板屋顶、石棉瓦、瓦棱板等轻型材料）上作业，登不坚固的结构（如彩钢板屋顶、石棉瓦、瓦棱板等轻型材料）作业前，应保证其承重的立柱、梁、框架的受力能满足所承载的负荷，应铺设牢固的脚手架，并加以固定。脚手架上要有防滑措施。

⑨作业人员不得在高处作业处休息。

⑩高处作业与其他作业交叉进行时，应按指定的路线上下，不得上下垂直作业；如果确需垂直作业时应采取可靠的隔离措施。

⑪在采取地（零）电位或等（同）电位作业方式进行带电高处作业时，应使用绝缘工具或穿均压服。

⑫发现高处作业的安全技术设施有缺陷和隐患时，应及时解决；危及人身安全时，应立即停止作业。

⑬因作业需要，临时拆除或变动安全防护设施时，应经作业负责人同意，并采取相应的措施，作业后应立即恢复。

⑭搭设防护棚时，应设警戒区，并派专人监护。

⑮作业人员在作业中如果发现情况异常，应发出信号，并迅速撤离现场。

3）破土作业。

①破土作业临近地下隐蔽设施时，应使用适当工具挖掘，避免损坏地下隐蔽设施。

②破土作业中如果暴露出电缆、管线以及不能辨认的物品时，应立即停止作业，妥善加以保护，报告破土审批单位处理，经采取

措施后方可继续破土作业。

③挖掘坑、槽、井、沟等作业，应遵守下列规定：

a. 挖掘土方应自上而下进行，不准采用挖底脚的办法挖掘，挖出的土石严禁堵塞下水道和窨井。

b. 在挖较深的坑、槽、井、沟时，严禁在土壁上挖洞攀登，当使用便携式木梯或便携式金属梯时，应符合相关国家标准的要求。作业时应戴安全帽。坑、槽、井、沟上端边沿不准人员站立、行走。

c. 要视土壤性质、湿度和挖掘深度设置安全边坡或固壁支撑。挖出的泥土堆放处所和堆放的材料至少应距坑、槽、井、沟边沿 0.8 m，高度不得超过 1.5 m。对坑、槽、井、沟边坡或固壁支撑架应随时检查，特别是雨雪后和解冻时期，如果发现边坡有裂缝、疏松或支撑有折断、走位等异常危险征兆，应立即停止工作，并采取可靠的安全措施。

d. 在坑、槽、井、沟的边缘安放机械、铺设轨道及通行车辆时，应保持适当距离，采取有效的固壁措施，确保安全。

e. 在拆除固壁支撑时，应从下而上进行。更换支撑时，应先装新的，后拆旧的。

f. 作业现场应保持通风良好，并对可能存在有毒有害物质的区域进行监测。发现有毒有害气体时，应立即停止作业，待采取了可靠的安全措施后方可作业。

g. 所有人员不准在坑、槽、井、沟内休息。

④作业人员多人同时挖土应相距在 2 m 以上，防止工具伤人。作业人员发现异常时，应立即撤离作业现场。

⑤在危险场所动土时，应有专业人员现场监护，当所在生产区

域发生突然排放有害物质情况时，现场监护人员应立即通知破土作业人员停止作业，迅速撤离现场，并采取必要的应急措施。

⑥破土作业涉及临时用电时，应符合《用电安全导则》（GB/T 13869）和《施工现场临时用电安全技术规范》（JCJ 46）的有关要求。

⑦施工结束后应及时回填土，并恢复地面设施。

4）吊装作业。

①按指挥人员所发出的指挥信号进行操作。对紧急停车信号，不论由何人发出，均应立即执行。

②司索人员应听从指挥人员的指挥，并及时报告险情。

③当起重臂吊钩或吊物下面有人，吊物上有人或浮置物时，不得进行起重操作。

④严禁起吊超负荷或重物质量不明和埋置物体；不得起吊捆挂，与其他重物相连或与其他物体冻结在一起的重物。

⑤在制动器、安全装置失灵、吊钩防松装置损坏、钢丝绳损伤达到报废标准等情况下严禁起吊操作。

⑥应按规定负荷进行吊装，吊具、索具经计算选择使用，严禁超负荷运行。所吊重物接近或达到额定起重吊装能力时，应检查制动器，用低高度、短行程试吊后，再平稳吊起。

⑦重物捆绑、紧固、吊挂不牢，吊挂不平衡而可能滑动，或斜拉重物，棱角吊物与钢丝绳之间没有衬垫时不得进行起吊。

⑧不准用吊钩直接缠绕重物，不得将不同种类或不同规格的索具混在一起使用。

⑨吊物捆绑应牢靠，吊点和吊物的中心应在同一垂直线上。

⑩无法看清场地、吊物情况和指挥信号时，不得进行起吊。

⑪起重机械及其臂架、吊具、辅具、钢丝绳、缆风绳和吊物不得靠近高低压输电线路。在输电线路近旁作业时，应按规定保持足够的安全距离，不能满足时，应停电后再进行起重作业。

⑫停工和休息时，不得将吊物、吊笼、吊具和吊索吊在空中。

⑬在起重机械工作时，不得对起重机械进行检查和维修；在有载荷的情况下，不得调整起升变幅机构的制动器。

⑭下方吊物时，严禁自由下落（溜）；不得利用极限位置限制器停车。

⑮遇大雪、暴雨、大雾及6级以上大风时，应停止露天作业。

5）盲板作业。

①盲板应按管道内介质的性质、压力、温度选用适合的材料。高压盲板应按设计规范设计、制造，并经超声波探伤合格。

②盲板的直径应依据管道法兰密封面直径制作，厚度应经强度计算。

③一般盲板应有一个或两个手柄，便于辨识、抽堵，8字盲板可不设手柄。

④应按管道内介质性质、压力、温度选用合适的材料做盲板垫片。

⑤盲板抽堵作业实施作业证管理，作业前应办理盲板抽堵作业证。

⑥盲板抽堵作业人员应经过安全教育和专门的安全培训，并经考核合格。

⑦生产车间（分厂）应预先绘制盲板位置图，对盲板进行统一编号，并设专人负责。盲板抽堵作业单位应按图作业。

⑧作业人员应对现场作业环境进行危险有害因素辨识并制定相

应的安全措施。

⑨盲板抽堵作业应设专人监护；监护人不得离开作业现场。

⑩在作业复杂、危险性大的场所进行盲板抽堵作业，应制定应急预案。

⑪在有毒介质的管道、设备上进行盲板抽堵作业时，系统压力应降到尽可能低的程度，作业人员应穿戴适合的防护用具。

⑫在易燃易爆场所进行盲板抽堵作业时，作业人员应穿防静电工作服、工作鞋；距作业地点 30 m 内不得有动火作业；工作照明应使用防爆灯具；作业时应使用防爆工具，禁止用铁器敲打管线、法兰等。

⑬在强腐蚀性介质的管道、设备上进行抽堵盲板作业时，作业人员应采取防止酸碱灼伤的措施。

⑭在介质温度较高、可能对作业人员造成烫伤的情况下，作业人员应采取防烫措施。

⑮高处盲板抽堵作业应按高处作业安全规范的规定进行。

⑯不得在同一管道上同时进行两处及两处以上的盲板抽堵作业。

⑰抽堵盲板时，应按盲板位置图及盲板编号，由生产车间（分厂）设专人统一指挥作业，逐一确认并做好记录。

⑱每个盲板应设标牌进行标识，标牌编号应与盲板位置图上的盲板编号一致。

⑲作业结束，由盲板抽堵作业单位、生产车间（分厂）专人共同确认。

十一、安全色与安全标志

安全色是特定的表达安全信息的颜色，它以形象而醒目的色彩语言向人们提供禁止、警告、指令、提示等安全信息。安全标志是由安全色、几何图形和形象的图形符号构成，用以表达特定的安全信息的标记（见表10）。使用安全标志的目的是提醒人们注意不安全的因素，防止发生事故，起到保障安全的作用。安全标志分为禁止标志（见表11）、警告标志（见表12）、指令标志（见表13）和提示标志（见表14）四大类型。

表10　　安全标志与安全色

安全标志	安全色	表示	适用
禁止标志	红色	禁止	禁止、停止和有危险的器件设备或环境
警告标志	黄色	警告	需警告人们注意的器件、设备或环境
指令标志	蓝色	指令	指令、必须遵守的意思，例如指令必须佩戴劳动防护用品、交通指示标志等
提示标志	绿色	提示	可以通行或安全的情况

表11　　禁止标志示例（红色表示禁止、停止）

图形标志	名称	图形标志	名称
	禁止触摸 No touching		禁止合闸 No switching on

表 12　　警告标志示例（黄色表示注意、警告）

图形标志	名称	图形标志	名称
	注意安全 Caution，danger		当心触电 Danger! Electric shock

表 13　　指令标志示例（蓝色表示提醒）

图形标志	名称	图形标志	名称
	必须戴防护眼镜 Must wear protective goggles		必须戴防护手套 Must wear protective gloves

表 14　　提示标志示例（绿色表示通行、安全和提供信息）

图形标志	名称
	紧急出口 Emergent exit

十二、突发事件报告程序与内容

各生产经营单位都会编制适用于本单位的应急预案，职工应熟悉应急预案的内容，特别是要掌握综合应急预案和专项应急预案中规定的上报流程、现场处置方案中的应急处置措施，并按要求进行演练。

1. 突发事件报告程序

发生或发现紧急情况后，应立即采取妥当措施进行自我保护，并在第一时间将突发事件进行上报，由于各单位生产实际不同，其上报流程也有所区别，一般来说上报程序按图 1 所示进行。

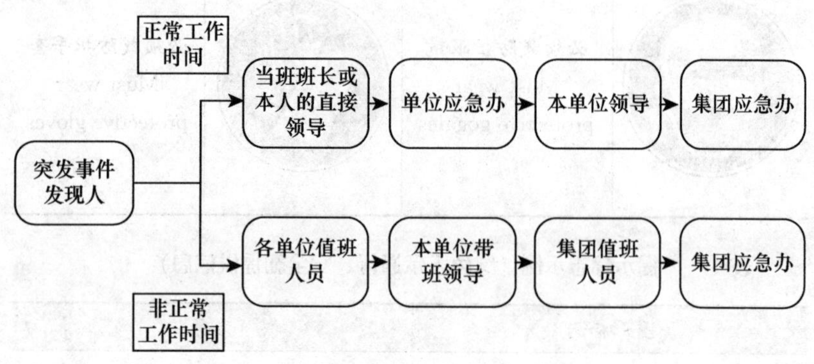

图 1　突发事件报告程序

2. 突发事件报告内容

突发事件报告应当包含以下内容：

（1）突发事件发生的时间、地点、联系电话、报告单位和报告人。

（2）突发事件的简要经过、伤亡人数、财产损失的初步估计。

（3）对突发事件的原因、性质的初步判断。

（4）突发事件的抢救处理情况和采取的措施。

对于突发事件的任何信息未经批准，不得对外部单位和个人发布，由生产经营单位按相关规定及应急预案要求统一执行。

第三章

安全生产基本技能

一、常规劳动防护用品及安全设备使用方法

1. 安全帽

(1) 安全帽构成。安全帽主要是防头部冲击时使用的防护用品，用来避免或减轻在作业场所发生的高空坠落物、飞溅物体等意外撞击对作业人员头部造成的伤害。安全帽由帽壳、帽衬和下颌带、附件等部分组成。安全帽的基本构成如图 2 所示。

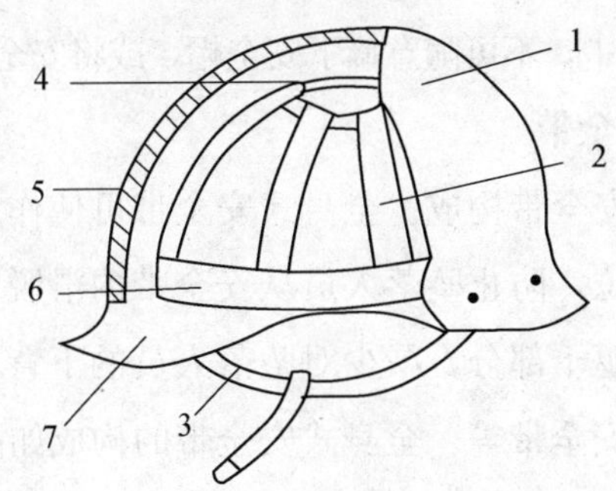

图 2　安全帽结构图

1—帽体　2—帽衬分散条　3—系带　4—帽衬顶带

5—吸收冲击内衬　6—帽衬环形带　7—帽檐

（2）安全帽佩戴注意事项。

1）佩戴前，应检查安全帽各配件有无破损、装配是否牢固、帽衬调节部分是否卡紧、插口是否牢靠、绳带是否系紧等。若帽衬与帽壳之间的距离不在25～50 mm之间，应用顶绳调节到规定的范围，确保各部件完好后方可使用。

2）根据使用者头的大小，将帽箍长度调节到适宜位置（松紧适度）。作业人员佩戴安全帽，要将下颌带和后颈箍拴牢，防止帽子滑脱。

3）安全帽使用中遭受过较大冲击后，无论是否发现帽壳有明显的断裂纹或变形，都应停止使用，更换受损的安全帽。一般安全帽使用期限不超过3年。

4）安全帽不应储存在有酸碱、高温（50℃以上）、阳光直射、潮湿等处，避免重物挤压或尖物碰刺。

5）帽壳与帽衬可用冷水、温水（低于50℃）洗涤。不可放在暖气片上烘烤，以防帽壳变形。

6）作业过程中，不可随意摘下安全帽，或将安全帽当坐垫使用。

2. 全身式安全带

（1）全身式安全带构成。全身式安全带可使作业坠落人员在坠落时保持正常体位，防止坠落人员从安全带内滑脱，还能将冲击力平均分散到整个躯干部分，减少对坠落人员的下背部伤害，常见为马甲式、交叉式安全带等。全身式安全带的构成如图3所示。

①背部D形环：安全带上用于坠落制动的基本挂点。

②D形环延长带：与背后的D形环相连，使D形环与绳子的连接更容易，这样就可以完全确定挂钩是否完全挂好。

③肩部D形环：带有撑杆或Y形缓冲减震带的；肩部小D形

图 3　全身式安全带结构

环，用于救援或逃生。

④胸带：用于连接两个肩带，通过一个连接扣环使身体固定在安全带内。

⑤腿带：扣环式或扣眼式，用户可根据需要和偏好选择腿上的松紧程度。

⑥软垫：柔软，稳固，在工作定位时有助于支撑身体下部。

⑦腰带：一体的腰带，有助于工作定位和存放工具。

⑧下骨盆带：位于臀部以下，有助于工作定位和在坠落时分担受力。

⑨侧面D形环：位于侧臀部或紧挨其上部位，用于工作定位和限位。

⑩胸部D形环：胸前交叉安全带的D形环或圆环，用于爬梯或援救时的定位。

⑪向上箭头指示：箭头用于指示全身安全带连接点方向。向上箭头指全身安全带定位的方向。

⑫侧肋环：加固的带环，用于救援和降落。

（2）使用方法。

1）握住安全带的背部D形环，抖动安全带，使所有的编织带回到原位。检查安全带各部分是否完好无破损。阅读标签，确认尺寸是否合适。

2）如果胸带、腰带或腿带带扣没有打开，解开编织带或解开带扣。

3）把肩带套到肩膀上，让D形环处于后背两肩中间的位置。

4）从两腿之间拉出腿带，一只手从后部拿着后面的腿带从裆下向前送给另一只手，接住并同前端扣口扣好。用同样的方法扣好第二根腿带。如果有腰带的话，扣好腿带再扣腰带。

5）扣好胸带并将其固定在胸部中间位置，拉紧肩带，将多余的肩带穿过带夹来防止松脱。

6）当所有的织带和带扣都扣好后，收紧所有的带扣，让安全带尽量贴近身体，但又不会影响活动。将多余的带子穿到带夹中防止松脱。

（3）注意事项。

1）使用安全带前应检查各部位是否完好无损，安全绳和系带有无撕裂、开线、霉变，金属配件是否有裂纹、是否有腐蚀现象，弹簧弹跳性是否良好，以及其他影响安全带性能的缺陷。如果发现存在影响安全带强度和使用功能的缺陷，则应立即更换。

2）安全带应拴挂于牢固的构件或物体上，应防止挂点摆动或碰撞。

3）安全带挂点应位于工作平面上方。

4）使用安全带时，安全绳与系带不能打结使用。

5）高处作业时，如果安全带无固定挂点，应将安全带挂在刚性轨道或具有足够强度的柔性轨道上，禁止将安全带挂在移动或带尖锐棱角或不牢固的物件上。

6）使用中，安全绳的护套应保持完好，若发现护套损坏或脱落，必须加上新套后再使用。

7）安全绳（含未打开的缓冲器）不应超过 2 m，不应擅自将安全绳接长使用。如果需要使用 2 m 以上的安全绳，应采用自锁器或速差式防坠器。

8）使用中，不应随意拆除安全带各部件，不得私自更换零部件。

9）使用连接器时，受力点不应在连接器的活门位置。

10）安全带应在制造商规定的期限内使用，一般不应超过 5 年。如果发生坠落事故，或有影响性能的损伤，则应立即更换。

11）超过使用期限的安全带，如果有必要继续使用，则应每半年抽样检验 1 次，合格后方可继续使用。

12）如果安全带的使用环境特别恶劣，或使用频率格外频繁，则应相应缩短其使用期限。

3. 防护服

防护服是替代或穿在个人衣服外，用于防止一种或多种危害的衣服，是安全作业的重要防护部分，是用于隔离人体与外部环境的一个屏蔽层。根据外部有害物质性质的不同，防护服的防护性能、

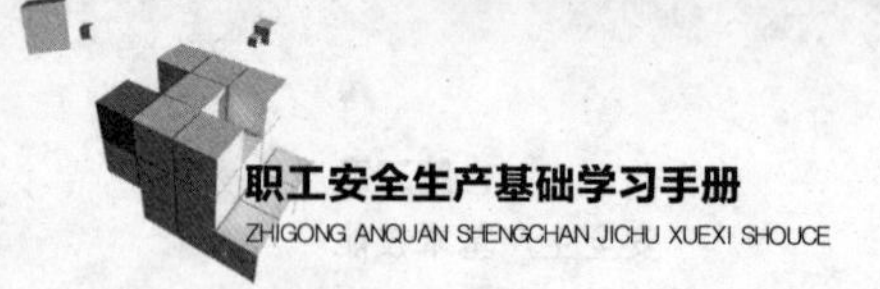

材料、结构等也会有所不同。我国防护服按用途分为：①一般作业工作服，用棉布或化纤织物制作，适用于没有特殊要求的一般作业场所使用。②特殊作业工作服，包括隔热服、防辐射服、防寒服、防酸服、防水服、化学品防护服、防X射线服、防微波服、中子辐射防护服、紫外线防护服、屏蔽服、防静电服、阻燃服、焊接服、防砸服、防尘服、防水服、医用防护服、高可视性警示服、消防服等。

（1）防护服选用注意事项。

1）必须选用符合国家标准或行业标准，并具有产品合格证的防护服。

2）应根据危险有害因素进行防护服类别选择。例如，在有硫化氢、氨气等强刺激性气体的作业环境中，应穿着防毒服；在易燃易爆场所作业时，不准穿化纤防护服，应穿着防静电服等。

（2）防护服使用、保养注意事项。

1）化学品防护服：

①使用前应检查化学品防护服的完整性及与之配套装备的匹配性，在确认完好后方可使用。

②进入化学污染环境前，应先穿好化学品防护服；在污染环境中的作业人员，不得脱卸化学品防护服及装备。

③化学品防护服被化学物质持续污染时，应在规定的防护性能（标准透过时间）内更换。有限次使用的化学品防护服已被污染时应弃用。

④脱除化学品防护服时，应使内面翻外，减少污染物的扩散，且应最后脱除呼吸防护用品。

⑤由于许多抗油拒水防护服及化学品防护服的面料采用的是后

整理技术，即在表面加入了整理剂，一般须经高温才能发挥作用，因此在穿用这类服装时要根据制造商提供的说明书经高温处理后再穿用。

⑥穿用化学品防护服时应避免接触锐器，防止受到机械损伤。

⑦严格按照产品使用与维护说明书的要求进行维护，修理后的化学品防护服应满足相关标准的技术性能要求。

⑧受污染的化学品防护服应及时洗消，以免影响化学品防护服的防护性能。

⑨化学品防护服应储存在避光、温度适宜、通风合适的环境中，应与化学物质隔离储存。

⑩已使用过的化学品防护服应与未使用的化学品防护服分别储存。

2） 防静电服：

①凡是在正常情况下，爆炸性气体混合物连续地、短时间频繁地出现或长时间存在的场所及爆炸性气体混合物有可能出现的场所，可燃物的最小点燃能量在 0.25 mJ 以下时，应穿防静电服。

②由于摩擦会产生静电，因此在火灾爆炸危险场所禁止穿、脱防静电服。

③为了防止尖端放电，在火灾爆炸危险场所禁止在防静电服上附加或佩戴任何金属物件。

④对于导电型的防护服，为了保持良好的电气连接性，外层服装应完全遮盖住内层服装。分体式上衣应足以盖住裤腰，弯腰时不应露出裤腰，同时应保证服装与接地体的良好连接。

⑤在火灾爆炸危险场所穿用防静电服时必须与《防静电鞋、导电鞋技术要求》（GB 4385）中规定的防静电鞋配套穿用。

⑥防静电服应保持清洁，保持防静电性能，使用后用软毛刷、软布蘸中性洗涤剂刷洗，不可损伤服装材料纤维。

⑦防静电服穿用一段时间后，应进行检验，若防静电性能不符合标准要求，则不能再以防静电服使用。

3）防水服：

①防水服的用料主要是橡胶，使用时应严禁接触各种油类（包括机油、汽油等）、有机溶剂、酸、碱等物质。

②洗后不可暴晒、火烤，应在阴凉处晾干。

③存放时应尽量避免折叠、挤压，要远离热源，通风干燥，如需折叠，应撒滑石粉，避免黏合。

④使用中应避免与锐利物质接触，以免影响防水效果。

4. 防护手套

在作业过程中接触到机械设备、腐蚀性和毒害性的化学物质，可能会对手部造成伤害。为防止作业人员的手部伤害，作业过程中应佩戴合格有效的手部防护用品——防护用套。防护手套的种类有绝缘手套、耐酸碱手套、焊工手套、橡胶耐油手套、防水手套、防毒手套、防机械伤害手套、防静电手套、防振手套、防寒手套、耐火阻燃手套、电热手套、防切割手套等。

使用及保养防护手套要注意以下几点：

（1）应根据作业环境需要选择合适类别的防护手套，并定期更换。

（2）使用前要进行检查，看有无破损、是否被磨蚀。例如：对于防毒手套可以使用充气法进行检查，即向手套内充气，用手捏紧套口，用力压手套，观察是否漏气，若漏气则不能使用；对于绝缘手套应检查电绝缘性，不符合规定的不能使用。

（3）摘取手套一定要注意正确的方法，防止将手套上沾染的有害物质接触到皮肤和衣服上，造成二次污染。

（4）橡胶、塑料等防护手套用后应冲洗干净、晾干，保存时避免高温，并在手套上撒上滑石粉以防粘连。

（5）带电绝缘手套要用低浓度的中性洗涤剂清洗。

（6）橡胶绝缘手套必须保存在较暗的阴凉场所，不能接触阳光、湿气、臭氧、热气、灰尘、油、药品等。

5. 防护鞋

为防止作业人员足部受到物体的砸伤、刺割、灼烫、冻伤、化学性酸碱灼伤及触电等伤害，作业人员应穿着有针对性防护作用的防护鞋（靴）。防护鞋（靴）主要有防刺穿鞋、防砸鞋、电绝缘鞋、防静电鞋、导电鞋、耐化学品的工业用橡胶靴、耐化学品的工业用塑料模压靴、耐油防护鞋、耐寒防护鞋、耐热防护鞋等。

作业中应根据作业环境需要进行类别选择，如在酸、碱等腐蚀性物质的环境中作业需穿着耐酸碱的胶靴；在有易燃易爆气体的环境中作业需穿着防静电鞋等。

使用及保养防护鞋要注意以下几点：

（1）使用前要检查防护鞋是否完好，检查鞋底、鞋帮处有无开裂，出现破损后不得再使用。对于绝缘鞋应检查电绝缘性，不符合规定的不能使用。

（2）对非化学防护鞋，在使用中应避免接触到腐蚀性化学物质，一旦接触后应及时清除。

（3）防护鞋应定期进行更换。

（4）防护鞋使用后清洁干净，放置于通风干燥处，避免阳光直射、雨淋及受潮，不得与酸、碱、油及腐蚀性物品存放在一起。

6. 防护眼镜

防护眼镜是防止化学飞溅物、有毒气体和烟雾、金属飞屑、电磁辐射、激光等对眼睛造成伤害的防护用品。防护眼镜有安全护目镜和遮光护目镜。安全护目镜主要防有害物质对眼睛造成伤害，如防冲击眼镜、防化学眼镜；遮光护目镜主要防有害辐射线对眼睛造成伤害，如焊接护目镜。

在进行冲刷和修补、切割等作业时，沙粒或金属碎屑等异物可能进入眼内或冲击面部，焊接作业时的焊接弧光，可能对眼部有伤害；清洗反应釜等作业时，其中的酸碱液体、腐蚀性烟雾进入眼中或冲击到面部皮肤，可能引起角膜或面部皮肤的烧伤。为防止有毒刺激性气体、化学性液体对眼睛造成伤害，需佩戴封闭性护目镜或安全防护面罩。

7. 便携式气体检测报警仪

气体检测报警仪是一种检测气体泄漏浓度的仪器仪表工具，主要是指便携式/手持式气体检测报警仪，如图 4 所示。气体检测报警仪一般分为单一气体检测仪和复合气体检测仪。

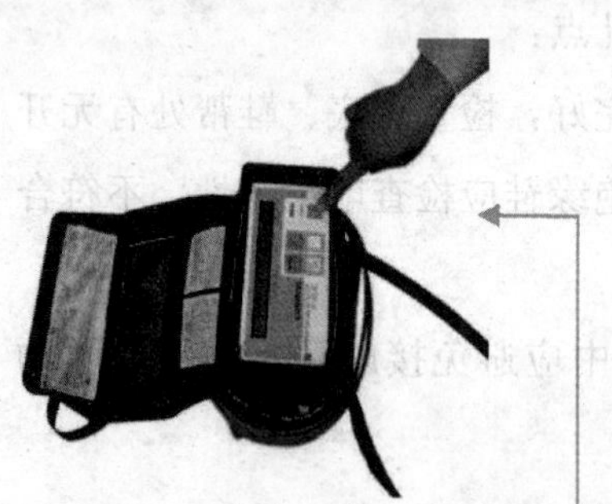

按下操作面板上的绿色“power”按钮，等待设备自检完毕后即可开始检测。气体浓度超标仪器将自动报警。

图 4　便携式气体检测报警仪

(1) 使用方法。

便携式气体检测报警仪的操作过程一般包括以下几个环节：

1）使用前检查。气体检测报警仪在被带到现场进行检测前，应对其进行必要的检查。

①开机自检打开仪器，绝大多数仪器开启后要经过一个“自检”的过程，以保证仪器进入“准备好”的状态。

②检查仪器电量是否充足。目前很多仪器在自检的过程中会自动对电量进行检查，有些仪器在电量不足时还会做出提示。若电量不满足使用需要的话，应及时充电或更换电池。在更换电池时应注意，不能在易燃易爆环境中进行更换，防止因摩擦形成静电火花，引发燃爆事故。

③校准。为确保仪器的稳定性和数据测量的准确性，在使用前要对仪器进行校准。在办公室或远离作业环境等“洁净”空气中开机，进行调“零”。这里的洁净空气要求气体环境中无有毒有害、易燃易爆气体，空气中氧含量为20.9%。如果空气环境无法达到要求，可以选择使用空气过滤器或标准空气瓶进行调“零”。

除了调零之外，在使用前还应用已知浓度的标准气体对检测仪进行测试，如果检测仪显示浓度与标准气体浓度相同，读数在最小分辨率上下波动，说明仪器运行稳定，可以正常使用。如果经过测试确认仪器灵敏度下降，仪器就要重新标定。

为保证仪器的测量精度，仪器在使用过程中还应定期标定，而标定周期应视产品和使用环境而定。使用已知浓度的标准气体对仪器进行标定，调节仪器使得到的稳定读数与标准气体浓度相同，然后移开标准气体，仪器显示值恢复到“零”，即完成了标定工作。

需要说明的是：当气体检测仪更换检测传感器后除了需要一定

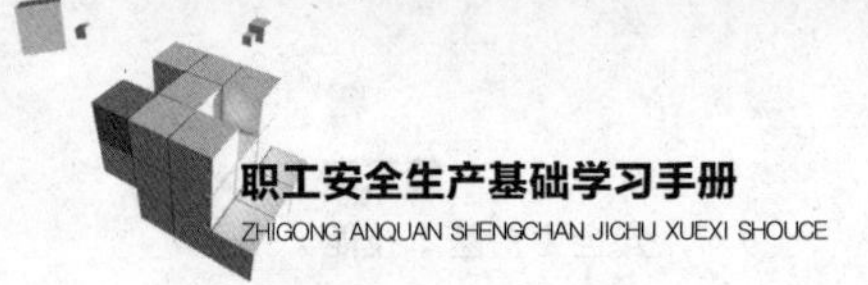

的传感器活化时间外，还必须对仪器进行重新校准；在各类气体检测仪器使用之前，一定要用标准气体对仪器进行一次检测，以保证仪器准确有效。

每种气体检测报警仪的说明书中都详细地介绍了校正操作步骤，使用者应认真阅读，严格按照操作说明书进行操作。

2）现场检测。携带合格的气体检测报警仪到达作业现场进行检测。使用泵吸式气体检测报警仪，将采气导管一端与仪器进气口相连，另一端投入到待检测区域内，使气体通过采气导管进入到仪器中进行检测。使用扩散式气体检测报警仪，被测气体直接通过自然扩散方式进入到仪器中进行检测。被测气体与传感器接触发生相应的反应，产生电信号，转换成为数字信号显示。检测人员读取数值并进行记录。当气体浓度超过设定的报警值时，蜂鸣器会同时发出声光报警信号。

3）关机。检测结束后，关闭仪器。需要提醒的是，可燃气体检测报警仪在关闭前要保证检测仪器内的气体全部反应掉，读数重新显示为设定的初始数值，才可关闭，否则会对下次使用产生影响。

目前市场上的气体检测报警仪种类繁多，在使用前要仔细阅读产品说明书，掌握仪器的技术指标、操作规程、设置方法、维护保养常识等内容，以能够熟练操作仪器。

（2）注意事项。

1）定期检定。除按照厂家产品说明书上要求的校准外，使用人员应根据相关法律法规及标准规范要求定期将仪器送至专业计量检验机构进行检定，以保证仪器的正常使用。如果对仪器的检测数据有怀疑或仪器更换了主要部件及修理后应及时送检。

2）注意各种不同传感器检测时可能受到的干扰。一般而言，每种传感器都对应一种特定气体，但任何一种气体检测报警仪也不可能是绝对特效的。因此，在选择一种气体传感器时，都应当尽可能了解其他气体对该传感器的检测干扰，以保证它对于特定气体的准确检测。例如，一氧化碳传感器对氢气有很大的反应，所以当存在氢气时，就会对一氧化碳的测量造成困难。再如，氧气含量不足对用催化燃烧传感器测量可燃气体浓度会有很大的影响，这也是一种干扰。因此，在测量可燃气体的时候，一定要测量伴随的氧气含量。

3）注意各类传感器的寿命。各类气体传感器都具有一定的使用年限，即寿命。一般来讲，催化燃烧式可燃气体传感器的寿命较长，一般可以使用3年左右；红外和光离子化检测仪的寿命为3年或更长一些；电化学特定气体传感器的寿命相对短一些，一般在1～2年；氧气传感器的寿命最短，大致为1年（电化学传感器的寿命取决于其中电解液的干涸，所以如果长时间不用，将其放在较低温度的环境中可以延长一定的使用寿命）。因此，要尽可能地在传感器的有效期内使用，一旦失效，应及时更换。

4）警报设置。对于仪器操作者来讲，选择一个合适的警报设定是十分重要的。警报值要设定在有毒气体浓度的危险性不足以使作业人员失去自救能力之下，因为作业人员需要足够的时间和能力撤离到安全地带。例如，职业安全与健康标准确定超过可燃气体爆炸下限10％就存在危险，这实际上就是允许的最高浓度。

另外作为警报设定的参考值是时间加权平均允许浓度（PC－TWA）、短时间接触允许浓度（PC－STEL）、最高允许浓度(MAC)、最大值、最小值、平均值等。如果是设定氧气报警值，则应选择最大值和最小值。如果长时间工作，报警值设置为 PC－TWA 值可能是比较合理的。而对于大多数作业而言，作业时间都较短，因此报警值应设定为 MAC 值或 PC－STEL 值是比较合适的。

5）注意检测仪器的浓度测量范围。表 15 是常见气体传感器的检测范围、分辨率、最高浓度。

表 15　常见气体传感器的检测范围、分辨率、最高浓度

传感器	检测范围（$\times10^{-6}$）	分辨率	最高浓度（$\times10^{-6}$）
一氧化碳	0～500	1	1 500
硫化氢	0～100	1	500
二氧化硫	0～20	0.1	150
一氧化氮	0～250	1	1 000
氨气	0～50	1	200
氰化氢	0～100	1	100
氯气	0～10	0.1	30
VOC	0～5 000	0.1	—

8. 正压式空气呼吸器

正压式空气呼吸器是人员进行事故应急抢救时重要的保护设备，它的作用主要是通过气瓶中的压缩空气，为作业人员提供呼吸保护，如图 5 所示。

（1）使用方法。

1）检查。检查气瓶压力是否满足作业需要；检查供气阀、减压阀等阀体是否正常；检查面罩是否完好，导气管是否有破损；检查报警用的声光设施是否正常。

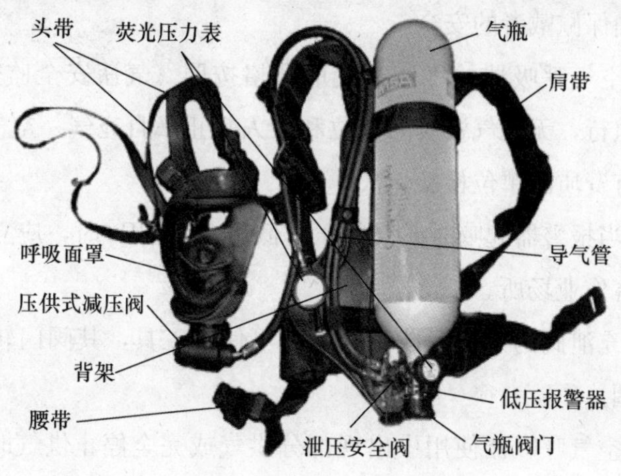

图 5 正压式空气呼吸器

2）佩戴。背起空气呼吸器，使双臂穿在肩带中，气瓶倒置于背部；调整呼吸器上下位置，扣上腰扣，收紧腰带；松开面罩的带子，一手持面罩前端，另一手拉住头带，将头带往后拉罩住头顶部（要确保下巴正确位于下巴罩内），调整面罩，使其与面部达到最佳贴合程度；两手抓住颈带两端往后拉，收紧颈带；两手抓住头带两端往后拉，收紧头带；检查面罩密封性，手掌心捂住凹形接口，深吸一口气，应感到面窗与面部贴紧（否则应更换）；打开瓶阀，逆时针转动瓶阀手轮两圈；安装供气阀，使红色旋钮朝上，将供气阀与面窗对接，逆时针转动 90°。正确安装好后，可听到插板滑入卡槽的"咔嗒"声；连续深呼吸，应感到呼吸顺畅。

（2）注意事项。

1）使用者应经过专业培训，掌握空气呼吸器的使用方法及安全注意事项。

2）空气呼吸器应 2 人协同使用，当 1 人使用时，应制定安全措施，确保佩戴者的安全。

3）空气呼吸器的气瓶充气应严格按照《气瓶安全监察规程》的规定执行，无充气资质的单位和个人禁止私自充气。空气瓶每 3 年应送有资质的单位检验 1 次。

4）当报警器起鸣时或气瓶压力低于 5.5 MPa 时，应立即撤离有毒有害作业场所。

5）充泄阀的开关只能手动，不可使用工具，其阀门转动范围为 1/2 圈。

6）空气呼吸器使用中出现部分供气或完全停止供气时，应逆时针方向打开充泄阀。打开充泄阀后，应立即撤离有毒有害危险作业场所。

7）平时空气呼吸器应由专人负责保管、保养、检查，未经授权的单位和个人无权拆、修空气呼吸器。

9. 三脚架

三脚架的形状如图 6 所示。

图 6　三脚架

（1）三脚架的安装。

1）取出三脚架，解开捆扎带，并直立放置。

2）移动三脚架至需施救的井口上（底脚平面着地）。将三支柱适当分开角度，底脚防滑平面着地，用定位链穿过三个底脚的穿孔。调整至长度适当后，拉紧并相互勾挂在一起，防止三根支柱向外滑移。必要时，可用钢钎穿过底脚插孔，砸入地下定位底脚。

3）拔下内外柱固定插销，分别将内柱从外柱内拉出。根据需要选择拔出长度后，将内外柱插销孔对正，插入插销，并用卡簧插入插销卡簧孔止退。

4）将防坠制动器从支柱内侧卡在三脚架任一个内柱上（面对制动器的支柱，制动器摇把在支柱右侧），并使定位孔与内柱上定位孔对正，将安装架上配备的插销插入孔内固定。

5）逆时针摇动绞盘手柄，同时拉出绞盘绞绳，并将绞绳上的定滑轮挂于架头上的吊耳上（正对着固定绞盘支柱的一个）。

此外，在使用前，要对设备各组成部分（速差器、绞盘、安全绳）的外观进行目测检查，检查连接挂钩和锁紧螺钉的状况、速差器的制动功能。检查必须由使用该设备的人进行。一旦发现有缺陷，不要使用该设备。

（2）使用注意事项。

1）使用前必须检查三脚架安装是否稳定牢固，保证定位链限位有效，绞盘安装正确。

2）在负载情况下停止升降时，操作者必须握住摇把手柄，不得松手。

3）无负载放长绞绳时，必须一人逆时针摇动手柄，另一人抽

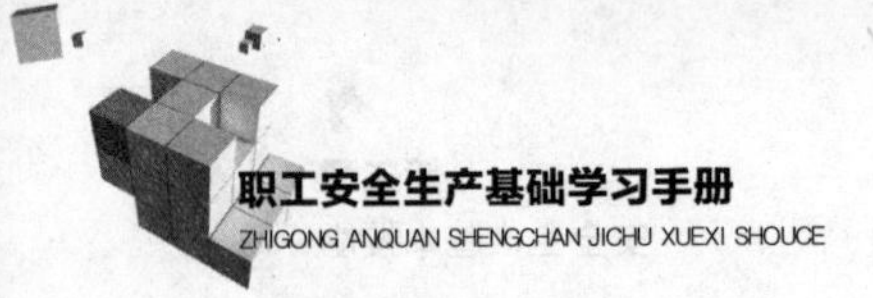

拉绞绳；不放长绞绳时，不可随意逆时针转动手柄。

4）使用中绞绳松弛时，绝不允许绞绳折成死结。

5）卷回绞绳时，尤其在绞绳放出较长时，应适当加载，并尽量使绞绳在卷筒上排列有序，以免再次使用受力时绞绳相互挤压受损。

6）必须经常检查设备，保证各零件齐全有效，无松脱、老化、异响；绞绳无断股、死结情况；发现异常，必须及时检修排除。

二、常规急救操作方法

1. 心肺复苏术操作方法

心跳、呼吸骤停的急救，简称心肺复苏。对于心跳、呼吸骤停的伤病员，心肺复苏成功与否的关键是时间。在心跳、呼吸骤停后 4 min 之内开始正确的心肺复苏，8 min 内开始高级生命支持者，生存希望较大。心肺复苏通常采用口对口人工呼吸法和胸外心脏按压术。

（1）心肺复苏操作程序。

步骤一：判断意识。轻拍伤病员肩膀，高声呼喊，如“喂，你怎么了！”

步骤二：高声呼救，例如：“快来人啊，有人晕倒了，快拨打急救电话。”

步骤三：将伤病员翻成仰卧姿势，放在坚硬的平面上。

步骤四：打开气道。成人：用仰头举颏法打开气道，使下颌角与耳垂连线垂直于地面 90°。

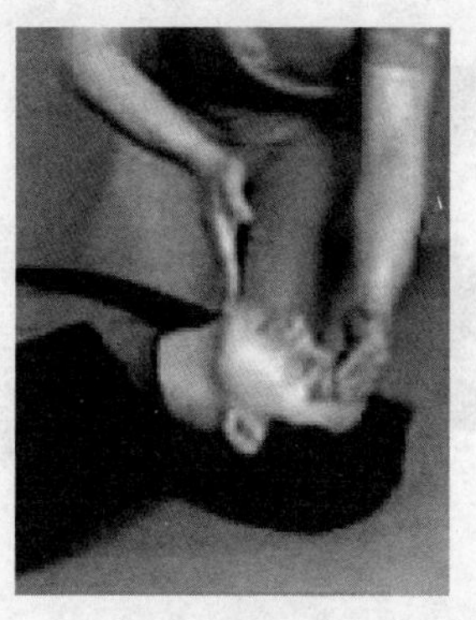

步骤五：判断呼吸。一看，看胸部有无起伏；二听，听有无呼吸声；三感觉，感觉有无呼出气流拂面。判断呼吸的时间不能少于5～10 s。

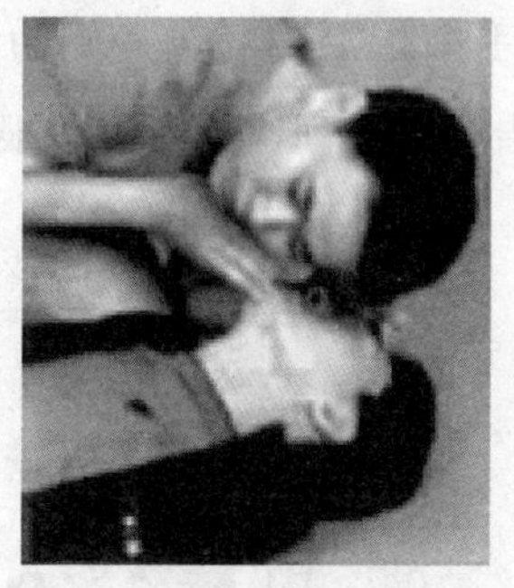

步骤六：口对口人工呼吸。施救人员将放在伤病员前额的手的拇指、食指捏紧伤病员的鼻翼，吸一口气，用双唇包严伤病员口唇，缓慢持续将气体吹入。吹气时间为 1 s 以上；吹气量 700～1 100 mL（吹气时，伤病人员胸部隆起即可，避免过度通气）；吹气频率为 12 次/min（每 5 s 吹一次）。正常成人的呼吸频率为 12～16 次/min。

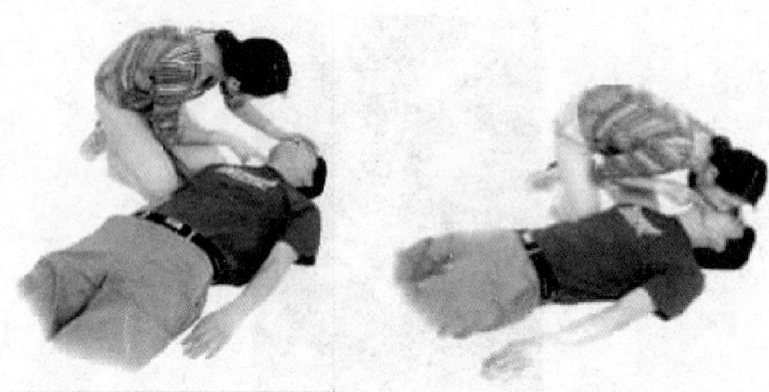

步骤七：胸外心脏按压。按压部位：胸部两乳连接水平正中位。

按压方法：

① 施救人员用一手中指沿伤病员一侧肋弓向上滑行至两侧肋弓交界处，食指、中指并拢排列，另一手掌根紧贴食指置于伤病员胸部。

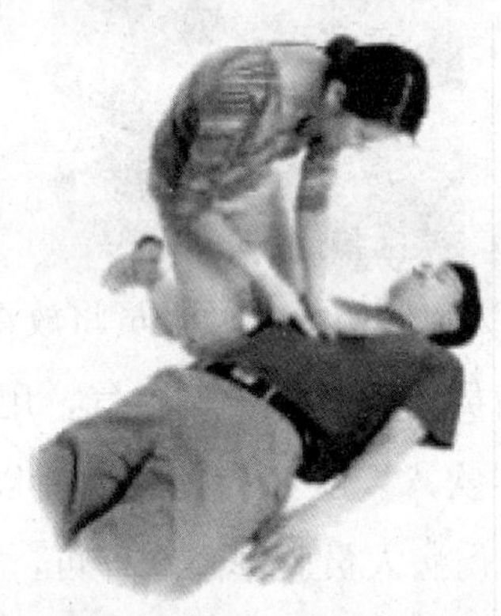

② 施救人员双手掌根同向重叠，十指相扣，掌心翘起，手指离开胸壁，双臂伸直，上半身前倾，以膝关节为支点，垂直向下用力、有节奏地按压 30 次。

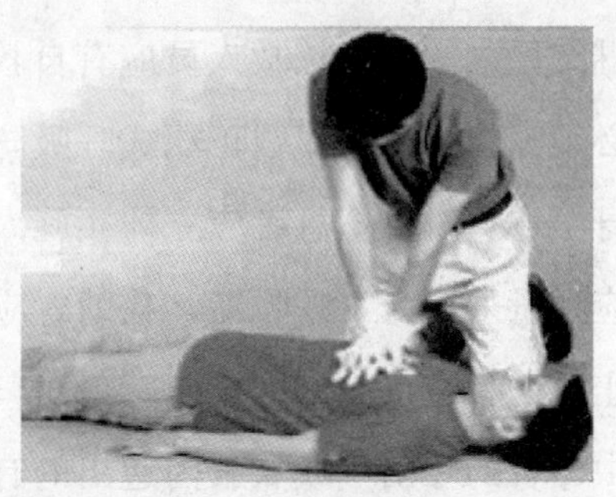

③ 按压与放松的时间相等，下压深度 4～5 cm，放松时保证胸壁完全复位，按压频率 100 次/min。正常成人脉搏 60～100 次/min。

重要提示：按压与人工呼吸频率之比为 30：2，做 5 个循环后可以观察一下伤病员的呼吸和脉搏。

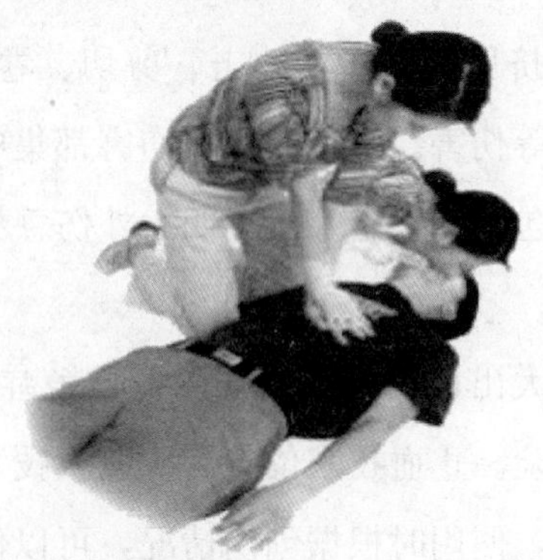

（2）心肺复苏有效指征。

1）伤病员面色、口唇由苍白、青紫变红润。

2）恢复自主呼吸及脉搏搏动。

3）眼球活动，手足抽动，出现呻吟声。

2. 有毒有害气体中毒窒息急救

一旦发现有毒有害气体中毒窒息的情况发生，应该立即做到：迅速使中毒者脱离危险区域，转移到空气新鲜地方，脱掉被污染的衣服，防止毒物继续侵入。现场抢救人员应有自救互救知识，参加救援的工作人员必须穿防护服和佩戴正压式呼吸防护器，以防抢救者进入现场后自身中毒。对已窒息者应立即实施人工呼吸，救治中毒致呼吸停止者应尽量采用人工呼吸器，救助者应避免采用口对口人工呼吸，以防止救助者中毒。因为在施行口对口人工呼吸时，施行者可能会吸入中毒者的呼出气或衣服内逸出的有毒有害气体，从而发生二次中毒。呼吸、心跳均已停止的中毒者应及时正确地施行心肺复苏术。

3. 机械伤害急救

机械伤害是指机械设备运动（静止）部件、工具、加工件直接与人体接触引起的挤压、碰撞、冲击、剪切、卷入、绞绕、甩出、切割、切断、刺扎等伤害。常见的机械伤害都集中在外伤方面，因此主要涉及止血、包扎、固定、搬运四大外伤急救知识。

（1）止血技术。

出血，尤其是大出血，属于外伤的危重急症，若抢救不及时，伤病员会有生命危险。止血技术位于外伤急救技术之首。现场止血方法常用的有四种，使用时根据创伤情况，可以使用其中一种，也可以将几种止血方法结合一起施用，以达到快速、有效、安全的止血目的。

1）指压止血法。

①直接压迫止血：用清洁的敷料盖在出血部位，直接压迫止血。

②间接压迫止血：用手指压迫伤口近心端的动脉，阻断动脉血流，能有效达到快速止血的目的。

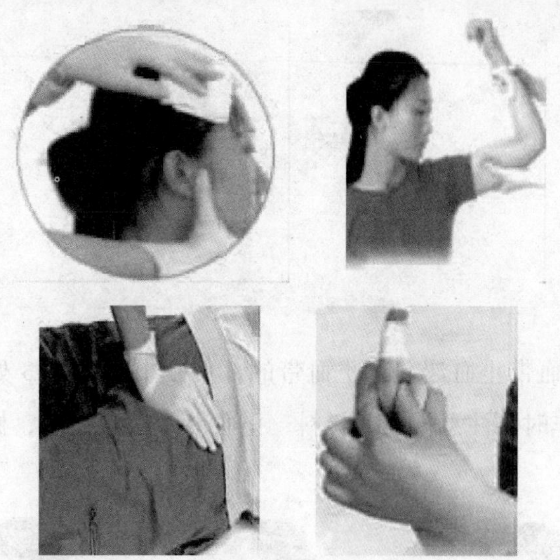

2）加压包扎止血法。用敷料或其他洁净的毛巾、手绢、三角巾等覆盖伤口，加压包扎达到止血目的。

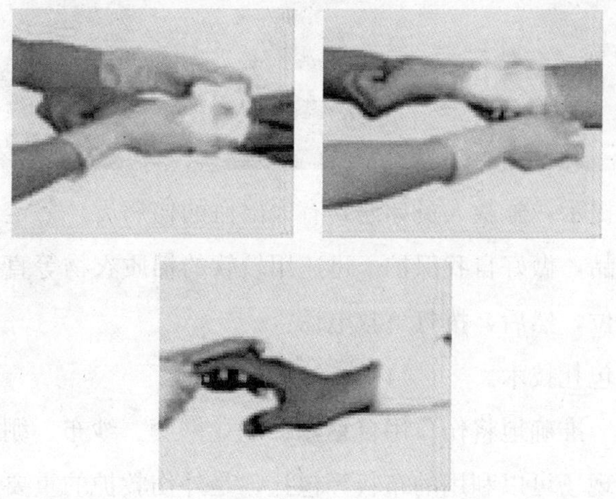

3）填塞止血法。用消毒纱布、敷料（如果没有，用干净的布料替代）填塞在伤口内，再用加压包扎法包扎。重点提示：只能填塞四肢的伤口。

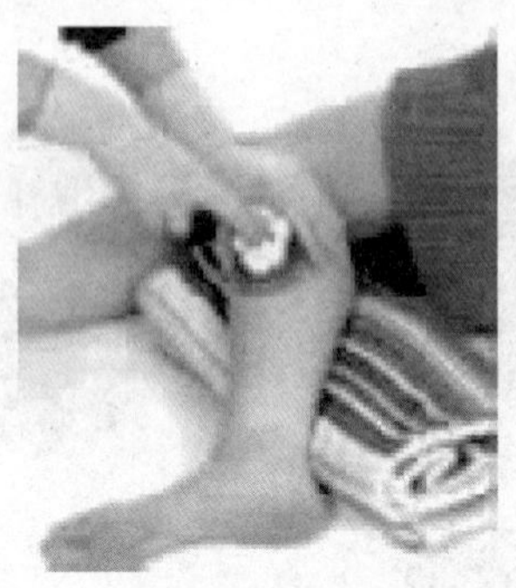

4）止血带止血法。上止血带的部位在上臂上 1/3 处、大腿中上段。操作时要注意使用的材料、止血带的松紧程度、标记时间等问题。

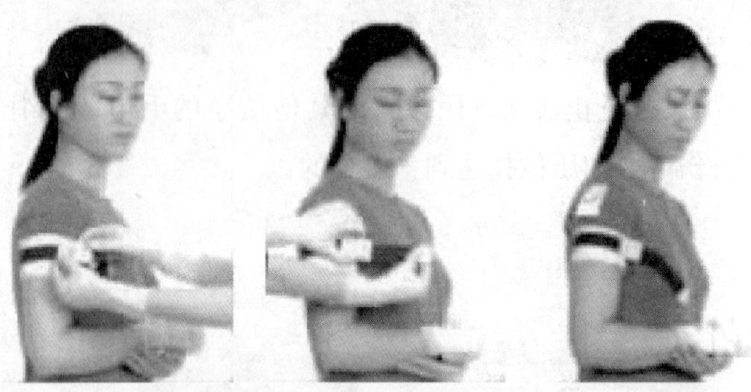

重点提示：施救人员如遇到有大出血的伤病员，一定要立即寻找防护用品，做好自我保护。迅速用较软的棉质衣物等直接用力压住出血部位，然后，拨打急救电话。

（2）包扎技术。

快速、准确地将伤口用自粘贴、尼龙网套、纱布、绷带、三角巾或其他现场可以利用的布料等包扎，是外伤救护的重要环节。它可以起到快速止血、保护伤口、防止污染、减轻疼痛的作用，有利于伤病员转运和进一步治疗。

1）绷带包扎。

① 手部“8”字包扎。它也同样适用于肩、肘、膝关节、踝关节的包扎。

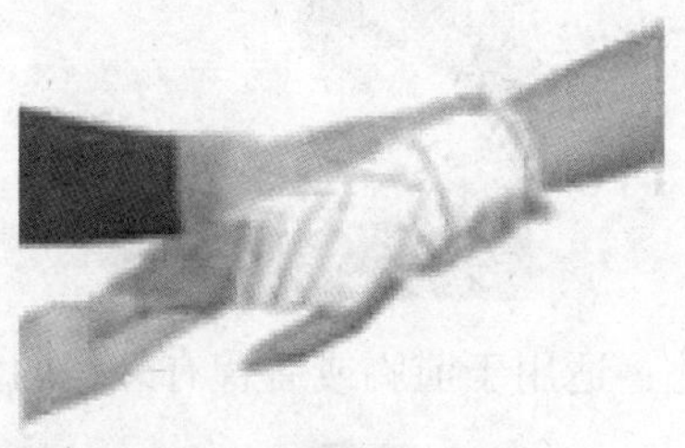

② 螺旋包扎。适用于四肢部位的包扎，对于前臂及小腿，由于肢体上下粗细不等，采用螺旋反折包扎，效果会更好。

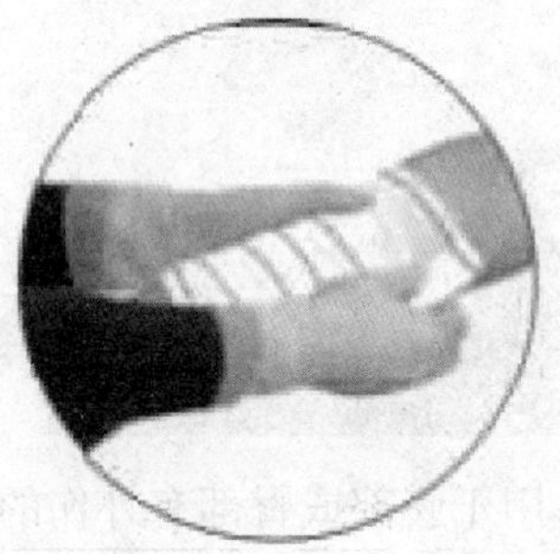

2）三角巾包扎。

① 头顶帽式包扎：适用于头部有外伤的伤员。

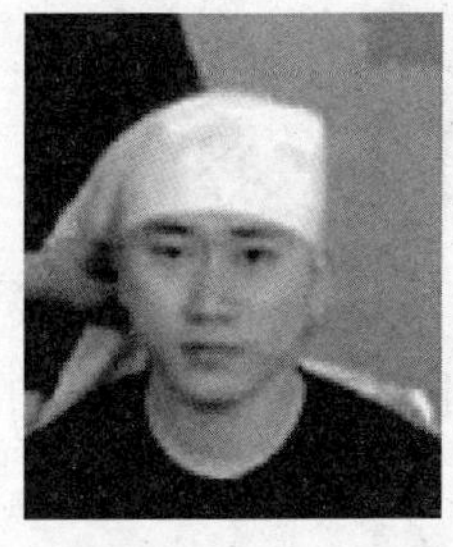
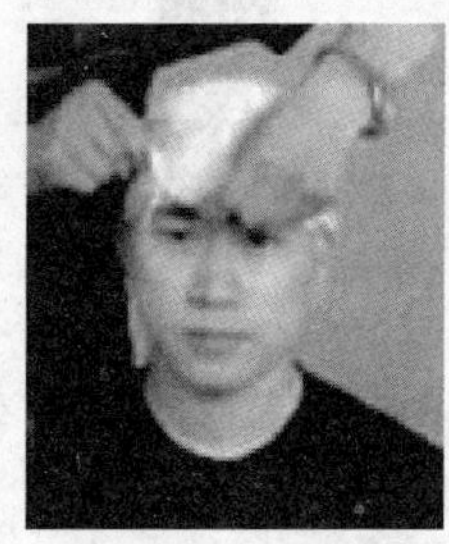
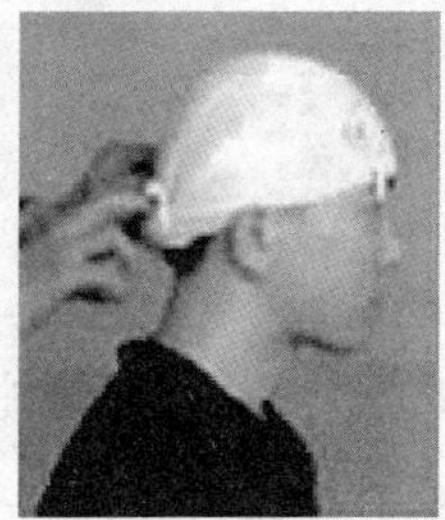

② 肩部包扎：适用于肩部有外伤的伤员。

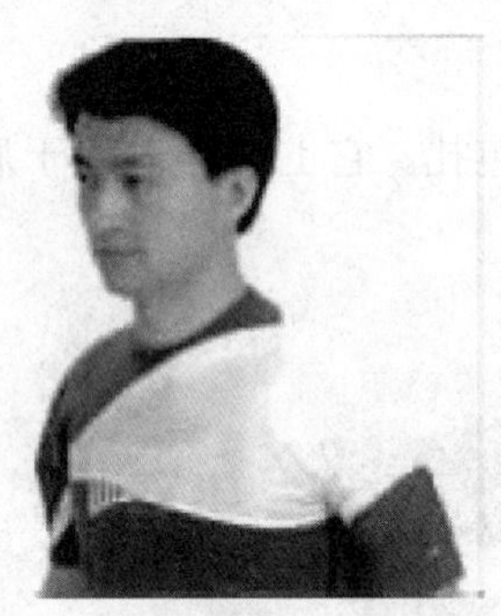

③ 胸背部包扎：适用于前胸或后背有外伤的伤员。

④ 腹部包扎：适用于腹部或臀部有外伤的伤员。

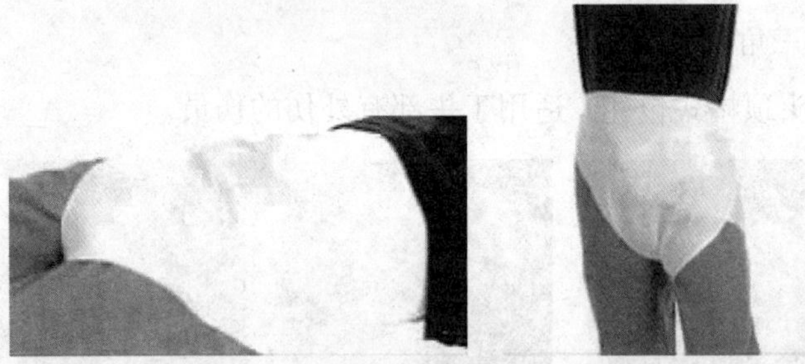

⑤ 手（足）部包扎：适用于手或足有外伤的伤员。包扎时一定要将指（趾）分开。

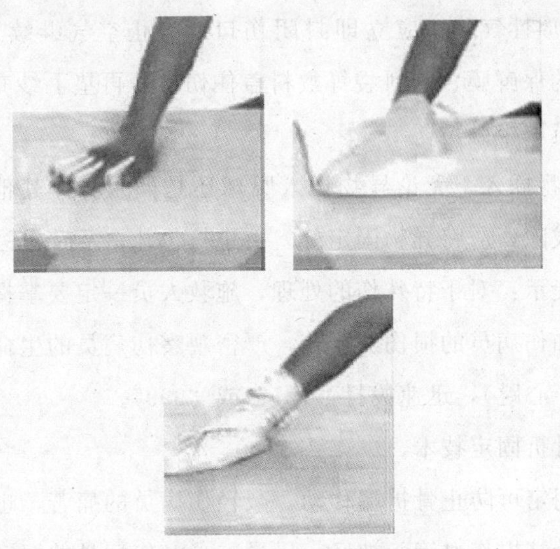

⑥ 膝关节包扎：同样适用于对肘关节的包扎，比绷带包扎更省时，包扎面积大且牢固。

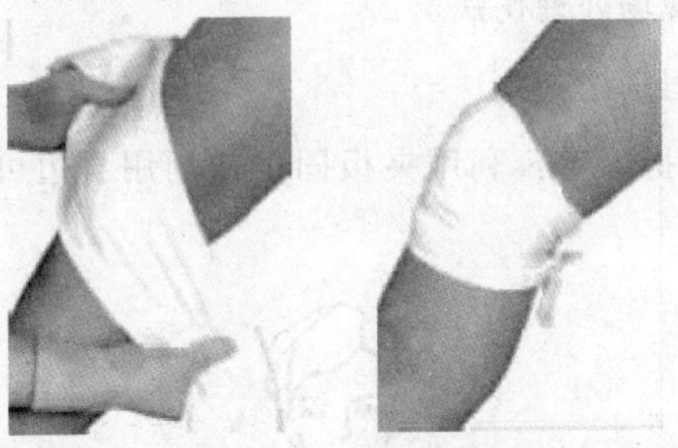

重点提示：在事发现场，施救人员遇到有人受伤时，应尽快选择合适的材料对伤病员进行简单包扎，然后拨打“120”或“999”。

(3) 特殊伤的处理。

1）颅脑伤。颅脑损伤脑组织膨出时，可用保鲜膜、软质的敷料盖住伤口，再用干净的碗扣住脑组织，然后包扎固定，伤病员取仰卧位，头偏向一侧，保持气道通畅。

2）开放性气胸。应立即封闭伤口，防止空气继续进入胸腔，用不透气的保鲜膜、塑料袋等敷料盖住伤口，再垫上纱布、毛巾包扎，伤病员取半卧位。

3）异物插入。无论异物插入眼球还是插入身体其他部位，严禁将异物拔除，应将异物固定好，再进行包扎，及时就医。

重点提示：对于特殊伤的处理，施救人员一定要掌握好救护原则，不增加伤病员的损伤及痛苦，严密观察伤病员的生命体征（意识、呼吸、心跳），迅速拨打“120”或“999”。

（4）骨折固定技术。

骨折固定可防止骨折端移动，减轻伤病员的痛苦，也可以有效地防止骨折端损伤血管、神经。尽量减少对伤病员的搬动，迅速对伤病员进行固定，尽快拨打“120”或“999”，以便救护人员在最短时间内赶到现场处理伤病员。

骨折现场固定法：

1）前臂骨折固定：利用夹板固定或利用身边可取到的方便器材固定。

2）小腿骨折固定：可利用健肢进行固定。

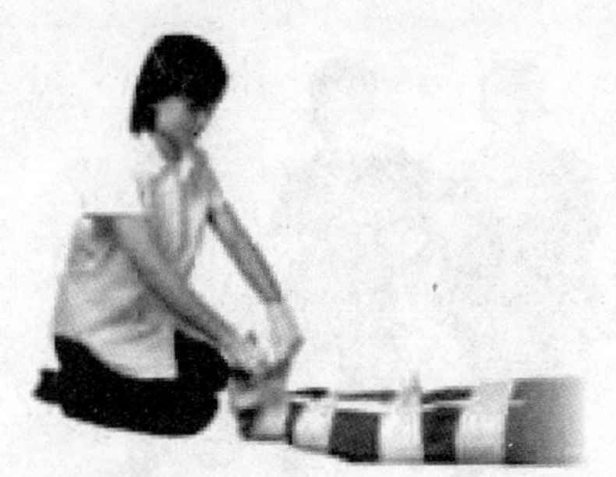

3）骨盆骨折固定。

（5）搬运技术。

经现场必要的止血、包扎和固定后，方能搬运和护送伤员，按照伤情严重者优先，中等伤情者次之，轻伤者最后的原则搬运。

搬运伤员可根据伤病员的情况，因地制宜，选用不同的搬运工具和方法。在搬运过程中，要随时观察伤病员的表情，监测其生命体征，遇有伤病情恶化应该立即停止搬运，就地救治。

搬运方法：可选用单人搬运、双人搬运及制作简易担架搬运。担架可选用椅子、门板、毯子、衣服、大衣、绳子、竹竿、梯子等代替。

对怀疑有脊柱骨折的伤病员必须采用“圆木”方式进行搬运，使脊柱保持中立。

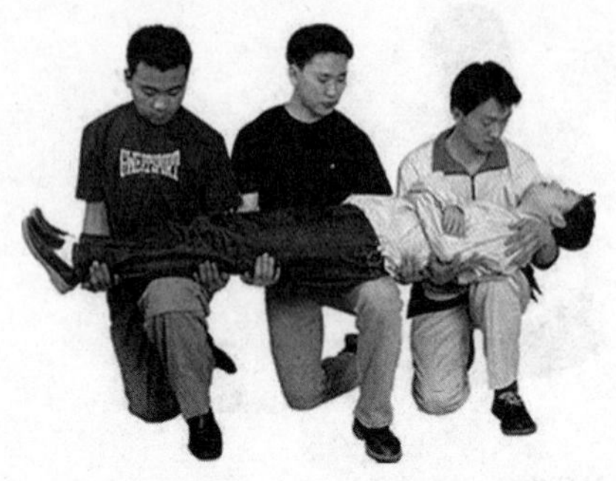

4. 高处坠落急救

（1）去除坠落伤员身上的用具和口袋中的硬物。

（2）创伤局部妥善包扎，但对疑似颅底骨折和脑脊液漏患者切忌填塞，以免导致颅内感染。

（3）颌面部伤员首先应保持呼吸道畅通，松解伤员的颈、胸部纽扣。

（4）复合伤要求平仰卧位，保持呼吸道畅通，解开衣领扣。

（5）周围血管伤，压迫伤部以上动脉干至骨骼。直接在伤口上放置厚敷料，绷带加压包扎以不出血和不影响肢体血循环为宜。

（6）快速平稳地送医院救治。在伤病员搬运和转送医院过程中，颈部和躯干不能前屈或扭转，而应使脊柱伸直，严禁使用一个抬肩一个抬腿的搬法，以免发生或加重截瘫。

5. 中暑急救

中暑是由于高温、日晒引起的一种急性疾病。中暑后会出现头晕、头痛、全身无力、口渴、心悸、恶心、呕吐等症状，严重时会突然晕倒。中暑又可分为先兆中暑、轻症中暑及重症中暑。

中暑急救的方法是：让中暑病人立即离开高温环境，转移到阴凉通风处休息，并解开衣服，呈平卧姿势，同时让患者多喝含盐饮料。对于先兆中暑者，可不进行特殊治疗，让其自然恢复正常。对于重症中暑病人，要立即送医院抢救治疗。

6. 溺水急救

（1）自救。

落水后要镇静不慌乱，应仰卧，头向后，口鼻向上露出水面。呼气要浅，吸气要深，这样可尽力浮起，等待救援。

（2）援救。

1）救人时要保持冷静，不能逞匹夫之勇，可以选择投入救生圈、绳索、木棍、泡沫板等，让落水者攀扶上岸。在水中救援时，急救者应游到溺水者后方，用左手从其左臂和上半身中间握对方的右手，或拖住溺水者的头，用仰泳方式将其拖到岸边。急救者应防止溺水者抱住不放，影响急救。万一被抱住，急救者应松手下沉，先与溺水者脱离，或向后推溺水者的脸，紧捏其鼻，使其松手，然后再救。

2）将溺水者抬出水面后，对溺水严重者应立即清除其口、鼻腔内的水、泥及污物，用纱布（手帕）裹着手指将溺水者舌头拉出口外，解开衣扣、领口，以保持呼吸道通畅，然后抱起溺水者的腰腹部，使其背朝上、头下垂进行倒水。或者抱起溺水者双腿，将其腹部放在急救者肩上，快步奔跑使积水倒出。或急救者取半跪位，将溺水者的腹部放在急救者腿上，使其头部下垂，并用手平压背部进行倒水。

3）对呼吸停止者应立即进行人工呼吸，一般以口对口人工呼吸为最佳。

4）对心跳停止者应先进行胸外心脏按压。

三、常规消防器材使用方法

1. 灭火器

灭火器是一种轻便的灭火工具，它可以用于扑救初起火灾，控制火势蔓延。不同种类的灭火器，适用于扑救不同物质的火灾，其结构和使用方法也各不相同。

(1) 手提式干粉灭火器使用方法。使用手提式干粉灭火器前，必须检查压力是否有效，方法是：将灭火器上下用力摆动几次；拔掉保险销，一手握住提把，另一只手握紧喷管，迅速前往着火点1.5 m左右的距离，对准火焰根部，用力按下压把开关，直至喷射灭火剂；由远及近、左右扫射向前推进将火扑灭；火扑灭后，放松压把，灭火剂即停止喷射。

❶右手握着压把，左手托着灭火器底部，轻轻地取下灭火器

❷右手提着灭火器到现场

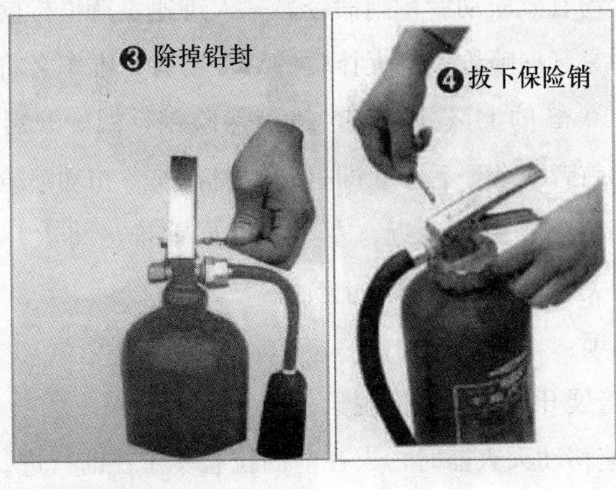

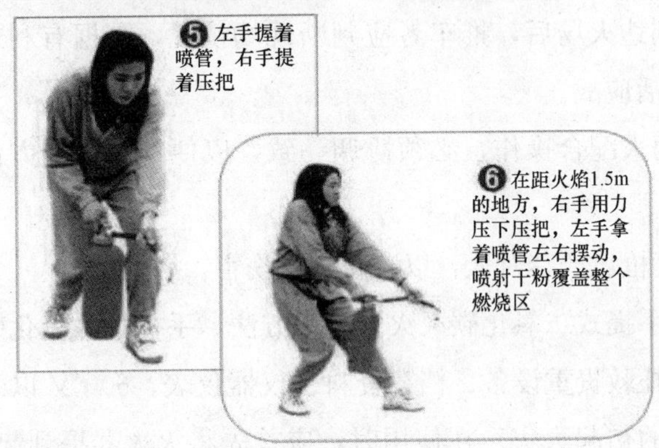

注意事项：

1）手提干粉灭火器必须竖立使用。

2）保险销拔掉后，喷管口禁止对人，以防伤害。

3）灭火时，操作者必须处于上风向操作。

4）注意控制灭火点的有效距离和使用时间。

（2）推车式干粉灭火器使用方法。推车式干粉灭火器必须两人协同操作使用；灭火器使用前，先检查压力是否有效，再检查喷枪、软管及接口是否密封完好、无损；一人先将车把前后颠覆几次，确认干粉有效松动后，则命令另一人迅速手持喷枪同时展开软管，并双手紧紧握喷枪做灭火扑救的战斗姿势；推车者将车子移至离火场 8～10 m 的上风处停稳，拔掉保险销，做好开启阀门的准备；当听到前者下令，后者立即打开阀门，前者扣动喷枪扳机，对准火焰根部喷射，由远渐近、左右扫射向前推进将火扑灭；火灭后，将阀门关闭，灭火剂即停止喷射。

注意事项：

1）软管展开不得有弯折现象。

2）快速移动灭火器时，人在前面拉着车子往前行进。

3）到达火场后，推车者应判断现场情况，占据有利地形，便于机动灵活应战。

4）两人配合操作，必须协调一致，以便随时调整方位，应付火情变化。

5）喷枪口严禁对人，以防止意外伤害。

（3）手提式二氧化碳灭火器使用方法。手提式二氧化碳灭火器主要用于扑救贵重设备、档案资料、仪器仪表、600 V 以下电气设备及油类的初起火灾。在使用时，应首先将灭火器提到起火地点，放下灭火器，拔出保险销，一只手握住喇叭筒根部的手柄，另一只手紧握启闭阀的压把。对没有喷射软管的二氧化碳灭火器，应把喇叭筒往上扳 70°～90°。使用时，不能直接用手抓住喇叭筒外壁或金属连接管，防止手被冻伤。在室外使用二氧化碳灭火器时，应选择上风方向喷射；在室内窄小空间使用时，灭火后操作者应迅速离开，以防窒息。

2. 消火栓

火灾发生时，打开箱门或硬物击碎箱门的玻璃，先按动箱内远距离启动消防泵的按钮，然后取下水带和水枪，将水带接在消火栓接口上，拉出水带，开启供水阀门，喷水灭火。

（1）消火栓设备使用方法。

1）打开消火栓箱外盖。

2）一人接好枪头和水带奔向起火点。

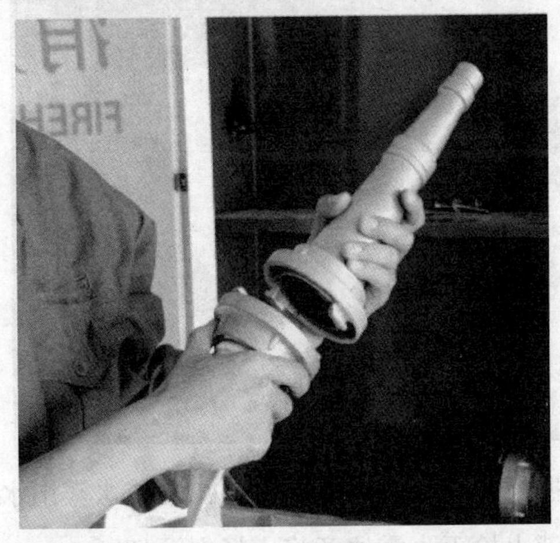

3）另一人接好水带和阀门口。

4）持枪口对准火场。

把消火栓手轮逆时针旋开喷水。

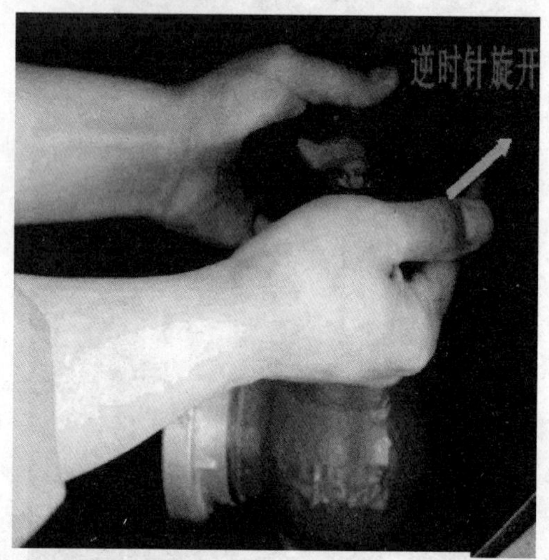

5）枪口握把旋转，可调整为水柱出水或水雾出水。

6）使用消火栓灭火需注意将火场电源切断。

（2）消防水带接驳。

1）第一带的打法。

①将水带平放于地面，用脚踩平水带。

②右脚前脚掌踩住水带中心点，两手抓住水带的两侧，顺着水带卷的方向拉紧，根据需要调整两个水带接口间的距离，移动右脚掌，使脚尖对准要调整的那个接口。

③一手按住，另一手将水带拨开并向后绕开两圈。

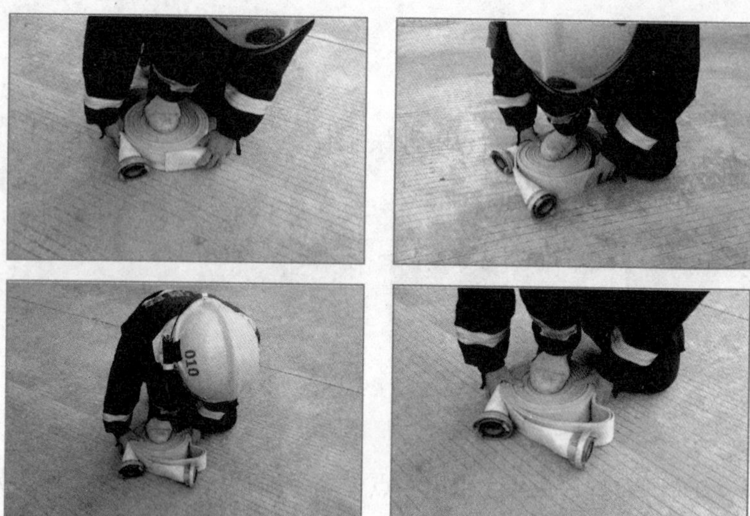

④一手将多余的水带对正脚尖向右打结，用手按住水带再次拉紧。

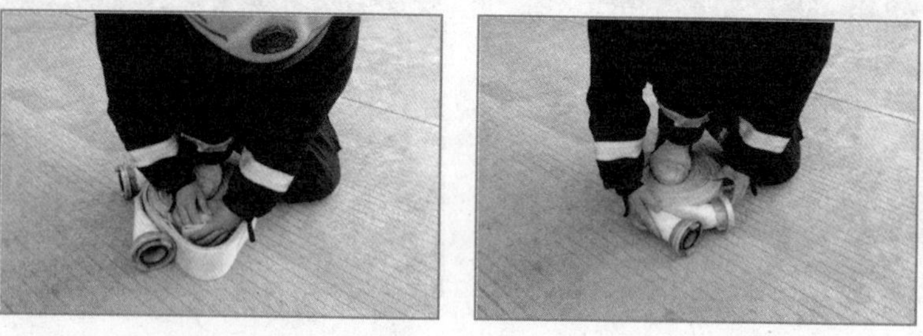

⑤ 第一盘水带拉紧平整，两接口相距 10 cm，前一接口为公口（正直），后一接口为母口（向右斜）。

2）第二带的打法。第二盘水带打法与第一盘步骤相同，第二盘水带拉紧平整，两接口相距 20 cm。

3）接驳操作方法。两腿分开，自然弯曲，身体重心向前。与两肩相平，两脚跟稍翘，两臂自然伸直，掌心相对，左上右下。

左脚向正前方迅速迈出，成立步姿势。同时两手抓紧接口向前上方甩出，高度不要超过头顶。

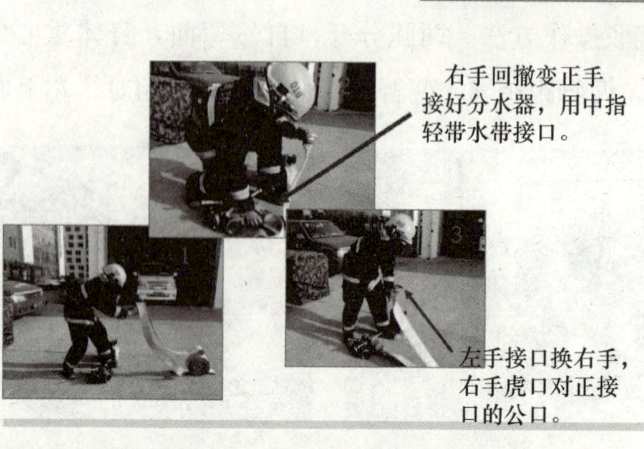

右手回撤变正手接好分水器，用中指轻带水带接口。

左手接口换右手，右手虎口对正接口的公口。

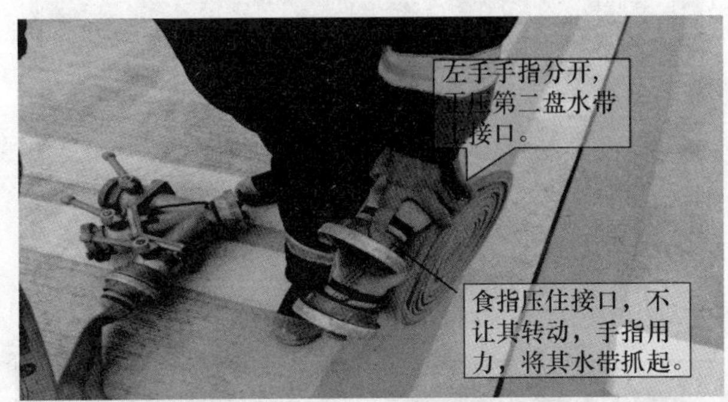

同时右脚向前迈出，身体重心前移，左手提水带于胸前，右手接口迅速接上并右旋（不宜超过三步）。

右手顺势向下抓住第二盘水带下接口，虎口对正接口公口，两手同时用力使水带向上旋转与右胸前对正正前方。

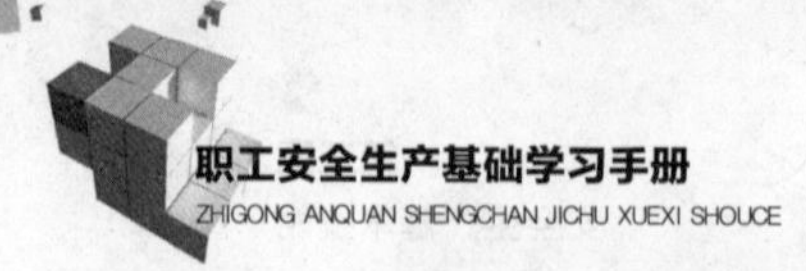

跑到9~13m，左手放掉水带，同时右手向前下方将水带推出。

左手迅速向腰间拔出水枪，虎口对正母口，右手接口迅速与左手接口在胸前对接，然后瞄准着火点。